Langenscheidt

Pocket-Langues Pour Tous

Sofort im Geschäft Russisch

Fachwortschatz und Sprachführer
für Geschäftsgespräche

von André Karnycheff, Marie-José Sélaudoux,
Noëlle Tuja und Valentina Vanel

Langenscheidt

Berlin · München · Wien · Zürich · New York

Übersetzung und Adaption für deutschsprachige Benutzer:
Anne-Margret Kießl

Bibliografische Information der Deutschen Nationalbibliothek
Die Deutsche Nationalbibliothek verzeichnet diese Publikation
in der Deutschen Nationalbibliografie; detaillierte bibliografische Daten sind im Internet über http://dnb.ddb.de abrufbar.

Published originally under the title „Faire des affaires tout de
suite en russe"
© 2007 by Langues pour tous, département d'Univers Poche,
Paris
German translation copyright:
© 2010 Langenscheidt Fachverlag, ein Unternehmen der
Langenscheidt KG, Berlin und München, auf der Grundlage
einer Lizenzvereinbarung mit dem Verlag Langues pour tous,
département d'Univers Poche, Paris
Satz: Peter Vogelpoel, Champigny-sur-Marne
Druck: Mercedes-Druck, Berlin
Printed in Germany
ISBN 978-3-468-21924-5

10010

INHALTSVERZEICHNIS

VORWORT

• Die russische Geschäftssprache sieht sich bei ihrer Entwicklung zwei Schwierigkeiten gegenübergestellt: wie keine andere Sprache muss sie sich den Anforderungen der Globalisierung anpassen und die erforderlichen Kenntnisse und Praktiken aktualisieren; andererseits hat sie seit mehr als fünfzehn Jahren eine der Umgestaltung ihres wirtschaftlichen Systems entsprechende wahre Periode des Aufholens erlebt.

• Seit der *Perestroika*, die sich als eine natürliche Umgestaltung darstellte, erlebte das Land den Zusammenbruch eines Regimes, die Loslösung von vierzehn Republiken, eine Schocktherapie, eine rasante Inflation, eine Periode von Not und Entbehrungen, dann, nach einem zeitweiligen Aufschwung, die bis heute im Bewusstsein gegenwärtigen Schwierigkeiten infolge der Fehlleistungen im Zahlungsverkehr im Jahr 1998. Zurzeit ist zu beobachten, dass eine Normalisierung eintritt, die ebenfalls die Sprache berührt. Diese Erfahrung konfrontiert die russische Sprache mit ihren traditionellen Eigenschaften: der Formbarkeit der Syntax, der Flexibilität der Lexik, fähig, die fremde Terminologie schnell zu erfassen und in der russischen Sprache zu adaptieren, der Vielfältigkeit der Präfigierung, dem Reichtum der Suffigierung sowie dem Stilgefühl für die Suche nach der richtigen Formulierung.

• Der Nutzer des vorliegenden Werkes sollte anhand der Beispielsätze, die ihn zu verschiedenen Zeitpunkten bei seinen Geschäftspraktiken unterstützen werden, Gespür für die geschäftliche Ausdrucksweise bekommen. Die Anmerkungen, die die Übersetzungen kommentieren, verdeutlichen oft das System des Ursprungs und der Abzweigungen der Begriffe, eine unerschöpfliche Quelle der Bereicherung der Konversation. Die „praktischen Teile" können wegweisend die Angleichung der internationalen weltweit angewendeten Handelstechniken an das Russische einfordern; das gilt besonders für das, was sich auf ihre Verbreitung im Internet bezieht.

• Der Verkäufer und der Käufer wenden, ein jeder in seinem Zuständigkeitsbereich, Verkaufstechniken an, bei denen die gesprochene (und geschriebene) Sprache keine unwesentliche Rolle spielen: Ihre Gesprächspartner erwarten erstaunlicherweise manchmal von ihrem ausländischen Partner, dass er ihnen bei der Installation in ihrer eigenen Sprache behilflich ist, mit einer juristischen und geschäftlichen Terminologie, die dabei absolut unentbehrlich ist. Das wäre hier vielleicht als eine zusätzliche Herausforderung zu sehen, die es anzunehmen gilt.

• Vorschläge und Ergänzungen zur Verbesserung dieses Werkes nehmen Autor und Verlag gern entgegen. Bitte schreiben Sie an die Redaktion Langenscheidt Fachverlag, Langenscheidt KG, Postfach 40 11 20, D-80711 München.

Der Verlag

ANMERKUNGEN ZUR GRAMMATIK

■ DAS NOMEN

- Die Substantive werden im Russischen grundsätzlich dekliniert. Substantive fremden Ursprungs, die auf einen Vokal enden (ebenso einige mit konsonantischer Endung) sind im Allgemeinen nicht deklinierbar. Beispiele: метро, меню, лобби, кангуру, бизнесвумен.
- Die Anordnung der Fälle ist in unseren Tabellen wie folgt festgelegt: **N**ominativ, **A**kkusativ, **G**enitiv, **D**ativ, **I**nstrumental, **L**okativ. Vgl. die Tabelle der Endungen (S. 8) mit der folgenden Einteilung: erste Deklination: *Feminina auf a/я*, zweite Deklination: *Maskulina und Neutra*, dritte Deklination: *Feminina auf ь*.
- Das Russische hat 3 Geschlechter: Maskulin, Feminin, Neutrum sowie die Kategorien: <u>belebt</u>/<u>unbelebt</u>. Zu den „Belebten" zählen Lebewesen (Menschen oder Tiere) oder Wesen, die als solche angesehen werden (Götter, Engel, Marionetten usw.). Dinge und abstrakte Begriffe werden den „Unbelebten" zugeordnet. Bei der Deklination gilt für die Kategorie „belebt" **A=G** und für die Kategorie „unbelebt" **A=N**; diese Regel betrifft den Singular der Maskulina sowie alle Deklinationsgruppen im Plural.

■ DAS ADJEKTIV

- Die bestimmten Adjektive können eine LANGE FORM (LF) und eine KURZE FORM (KF) aufweisen. Die LF des Adjektivs kann attributive und prädikative Funktionen haben. Die KF des Adjektivs ist nicht deklinierbar und kann nur prädikativ verwendet werden. Das als Attribut verwendete Adjektiv steht in der Regel immer vor dem Substantiv.
- Das Russische kennt eine Reihe von Adjektivpronomen: Possessiv-, Interrogativ-, Demonstrativ-, Relativpronomen sowie eine umfassende Gliederung der Personalpronomen. Vgl. die Deklinationstabelle der Pronomen und Adjektive auf S. 160.
  Der Besitz einer Sache bzw. die Zugehörigkeit zu einer Person wird durch Possessivadjektive angezeigt, sie enden auf –ий (лисий : *vom Fuchs*) und auf –ин (Сашин : *von Sascha*).

■ FORMEN DES KOMPARATIVS

- Der zusammengesetzte Komparativ wird gebildet mit <u>более</u>: более умный ответ: *eine intelligentere Antwort*. Der Komparativ kann auch mit dem Suffix <u>ее</u> gebildet werden: он умнее всех: *er ist intelligenter als alle andere*n. Zudem tritt sehr oft der Komparativ auf <u>е</u> auf: лучше: *besser*, хуже: *schlechter*, меньше: *kleiner*, больше: *größer*.

■ DAS VERB

• Die Aspekte

Die russischen Verben haben einen *imperfektiven Aspekt (I)* und einen *perfektiven Aspekt (P)*. Der imperfektive Aspekt drückt den Verlauf oder die Wiederholung einer Handlung aus. Der perfektive Aspekt bezeichnet eine einmalige oder momentane Handlung oder eine Handlung, die bereits beendet ist.

Man spricht von <u>Aspektpaaren</u>: пис**а**ть *(I)* / напис**а**ть *(P)*: *schreiben*, запис**а**ть *(P)* / зап**и**сывать *(I)*: *aufschreiben*. Meistens werden die Aspekte durch Präfigierung oder miitels eines Suffixes gebildet.

- **Die Zeiten**

  Die Konjugation des Russischen kennt nur drei Zeitformen: das Präsens, das Präteritum und das Futur. Das imperfektive Verb kann im Präsens und im Präteritum stehen und das zusammengesetzte Futur bilden (быть + Infinitiv). Das perfektive Verb wird nur im Präteritum und einfachem Futur verwendet.

- **Zum Modus**

  Im Russischen gibt es *den Infinitiv, den Indikativ* und *den Imperativ*. Weder für den Konditional noch für den Konjunktiv gibt es eine eigene Verbform. Um den *Konditional* zu bilden, fügt man im Präteritum die Partikel <u>бы</u> hinzu, zur Bildung des Konjunktivs verwendet man die Konjunktion <u>чтобы</u>.

- **Die Konjugierung**

  Die russischen Verben haben zwei Verbformen: *die Präsensform* und *die Infinitivform*. Im Präsens kennt das Russische nur *zwei Konjugationstypen*: In der ersten Konjugation ist der Bindevokal das –<u>е</u>–. Die 3. Pers. Pl. endet immer auf –ют, –ут: д**е**лаю, д**е**лаешь, д**е**лают *(machen, tun)*.

  In der zweiten Konjugation ist der Bindevokal das –<u>и</u>–. Die 3. Pers. Pl. endet immer auf –ят, –ат: говорю, говор**и**шь, говор**я**т *(sprechen)*, кончу, к**о**нчишь, к**о**нчат *(beenden)*.

  Man erhält die Präsensform, indem man die Endung der 3. Pers. Pl streicht. Mit dieser Form werden auch der Imperativ д**е**лай, das Partizip Präsens aktiv д**е**лающий, das Partizip Präsens Passiv д**е**лаемый, das Gerundium Präsens д**е**лая gebildet.

  Die Infinitivform erhält man durch Streichung der Infinitivendung –<u>ть</u> (–<u>ти</u> oder –<u>чь</u>). Mit der so erhaltenen Form wird das Präteritum gebildet к**о**нчил, die Partizipien der Vergangenheit Aktiv und Passiv к**о**нчивший, к**о**нченный und das Gerundium der Vergangenheit к**о**нчив.

■ BESONDERHEITEN DER ORTHOGRAFIE

1 Nach den Gutturalen г, к, х und den Zischlauten ж, ш, щ, ч wird niemals ы, sondern immer **и** geschrieben, z. B. нож**и**: *die Messer*.
2 Nach г, к, х, ж, ш, щ, ч und dem Laut ц steht kein я, ю, sondern **а**, **у**. Z. B. **я**йц**а**: *die Eier*.
3 Nach ж ш щ ч und ц wird in unbetonter Position nicht **о**, sondern **e** geschrieben.
   Z. B. с тов**а**рищ**е**м.

☞ In Fremdwörtern werden diese Regeln manchmal aufgehoben:
   Z. B. *Jury, Zürich* schreibt man жюри, Цюрих.

DIE ENDUNGEN DER SUBSTANTIVE
und Bemerkungen dem Deklinationsschema entsprechend von 1 bis 7

A. SINGULAR

	I		II				III
	1	2	3	4	5	6	7
N	а	я	—	ь	о	е	ь
A	у	ю	N/G	N/G	о	е	ь
G	ы	и	а	я	а	я	и
D	е	е	у	ю	у	ю	и
I	ой	ей	ом	ем	ом	ем	ью
L	е	е	е	е	е	е	и

1N Feminina: Ausnahme → Maskuline Vornamen auf –а
2D Beachten Sie! Substantive auf –ия → Dativ und Lokativ auf **-ии**
3N Maskulina auf harten Konsonant endend: beweglicher Vokal, „flüchtiges" е (BV) отец → отца
3A „N/G" = Regel zur Verwendung des Akkusativ
3L Mögliche Endung des Lokativ auf **у**: в лесу und auf 4L: Lokativ auf **ю**
4N diesem Schema folgen auch die Substantive auf **й**: трамвай
6L Substantive auf –ие → Lokativ auf **-ии**: на предприятии
7G Zu мать, дочь: G D L матери, дочери · I матерью, дочерью

B. PLURAL

N	ы	и	ы	и	а	я	и
A	N/G	N/G	N/G	N/G	а	я	N/G
G	–	ь	ов	ей	–	ей	ей
D	ам	ям	ам	ям	ам	ям	ям
I	ами	ями	ами	ями	ами	ями	ями
L	ах	ях	ах	ях	ах	ях	ях

3N Unregelmäßige Pluralbildungen auf **а**: города, берега, поезда, … auf **–ья**: братья, сыновья, друзья, еn **-и**: соседи: *die Nachbarn*, черти: *die Teufel*
6G Substantive auf –ие → Genitiv auf **-ий**: мнение → мнений
7I Auf **–ьми**: лошадьми, людьми, детьми, дочерьми
1G Null-Endung. Z. B. коров (von корова: *die Kuh*)

- Neutra auf **–мя**: время, время, времени, времени, временем, времени, времена, времён, временам, временами, временах
  + **имя**: *der Name*, пламя: *die Flamme*, семя: *der Samen, die Saat*, бремя: *die Last, die Bürde*
- kleine Tiere auf **–ёнок**: z. B. телёнок: *das Kalb*, телёнка, телёнку… Plural: телята, телят, телятам, телятами, телятах
- Namen von Völkern а/**янин**: z. B. армянин: *der Armenier*, армянина, … армяне, армян, армянам, армянами, армянах

DIE TRANSKRIPTION IN DIESEM WERK

Russische Buchstaben	Transkription	Russische Buchstaben	Transkription	Russische Buchstaben	Transkription
А а	a	К к	k	Х х	ch
Б б	b	Л л	l	Ц ц	z
В в	w	М м	m	Ч ч	tsch
Г г	g	Н н	n	Ш ш	sch
Д д	d	О о	o	Щ щ	schtsch
Е е	je	П п	p	Ъ ъ	hartes Zeichen
Ё ё	jo	Р р	r	Ы ы	y
Ж ж	sh	С с	s	Ь ь	weiches Zeichen
З з	s	Т т	t	Э э	e
И и	i	У у	u	Ю ю	ju
Й й	*	Ф ф	f	Я я	ja

* nach и, ы nicht wiedergegeben

- Das harte Zeichen **ъ** und das weiche Zeichen **ь** haben keinen eigenen Lautwert. Ihre Bedeutung:
1. Das weiche Zeichen zeigt die Erweichung des vor ihm stehenden Konsonanten an пять → [pjat] (diese im Russischen oft vorkommende phonetische Erscheinung ist mit dem Gegensatzpaar n/gn vergleichbar. Z. B.: Panne/Kampagne).
2. Das harte und das weiche Zeichen zeigen an, dass in den folgenden Verbindungen ein j gesprochen wird: ье, ьё, ьи, ья, ью / ъе, ъё, ъи, ъя, ъю: статьи → [statji], объём → [objom].
- Die Konsonanten **ж, ш, ц** sind immer **HART**: жир → [shir], шило → [schilo], цирк → [zirk]. Die Konsonanten **ч** und **щ** sind immer **WEICH**. Am Ende des Wortes werden die folgenden stimmhaften Konsonanten **STIMMLOS** gesprochen:
  б → п · в → ф · д → т · з → с · ж → ш · г → к: ров → роф [rof].
- Wenn zwei Konsonanten aufeinander folgen, nimmt der voranstehende Konsonant die Eigenschaft (stimmlos oder stimmhaft) des nachfolgenden an: отдел → [oddel], Кавказ → [Kafkas]. Das „в" allerdings behält seine Stimmhaftigkeit: свой → [swoi].
- Das „x" [ch] wird wie das „ch" im Deutschen ausgesprochen. Das „щ" [schtsch] wird wie ein langgezogenes „schsch" gesprochen. Das „ы" ist ein Kehllaut zwischen dem „i" und „u" und wird als [y] wiedergegeben.
- Die betonten Vokale behalten ihren vollen Lautwert. In unbetonter Position findet eine Veränderung nach dem folgenden Muster statt: o → a · я → и · e → и.
  Z. B.: вода → [wada] · язык → [jizyk] · места → [mista] · телефон → [tilifon].
- Anmerkung: Es werden alle Laute gesprochen:
  [tilifon] = tilif**on** · [rantié] = ran-tje · [stait] = sta-**it**.

1 Die Konjunktur ist zur Zeit günstig.

2 Anzeichen zur Belebung der Wirtschaft sind zu erkennen.

3 Eine Periode der Stagnation ist eingetreten.

4 Die Geschäfte haben den toten Punkt erreicht.

5 Die wesentlichen wirtschaftlichen Kriterien bleiben stabil.

6 Die Prozentsätze sind gefallen.

7 Das BIP (Bruttoinlandsprodukt) ist um 2% gestiegen.

8 Die Einkommen der Russen steigen kontinuierlich an.

9 Die Kaufkraft der Bevölkerung hat zugenommen.

10 Die Verbraucher haben wieder Vertrauen gewonnen.

11 Die Unternehmer sind voller Optimismus.

12 Die Inflation wurde bewältigt.

PRÄPOSITIONEN: KASUS UND BEDEUTUNG
→ = bewegt (wohin?) | * = statisch (wo?)
A: Akkusativ G: Genitiv D: Dativ L: Lokativ I: Instrumental

в A *in* →, L *im* *	за A *hinter* →, *für*	от G *von*
на A *auf* →, L *auf* *	I *hinter* *	для G *für*
с G *von ... an, von ... her*	по A *bis*	до G *bis*
I *mit*	D *über, auf, entlang*	под A *unter* →, I *unter* *
к D *zu*	из G *aus*	без G *ohne*
у G *bei*	о L *über*	через A *durch*

1 Сейчас конъюнктура благоприятна.
Seitschas konjunktura blagoprijatna.

2 Наблюдаются признаки оживления экономики.
Nabljudajutsja prisnaki oshivlenija ekonomiki.

3 Наступил период застоя.
Nastupil period sastoja.

4 Бизнес находится на мёртвой точке.
Bisnes nachoditsja na mjortvoi totschke.

5 Основные экономические показатели остаются стабильными.
Osnownyje ekonomitscheskije pokasateli ostajutsja.

6 Процентные ставки упали.
Prozentnyje stawki upali.

7 ВВП (валовый внутренний продукт) повысился на 2%.
WWP (walowy1 wnutrenni produkt) powysilsja na dwa prozenta.

8 Доходы россиян постоянно растут.
Dochody rossijan postojanno rastut.

9 Покупательная способность населения увеличилась.
Pokupatelnaja sposobnost naselenija uwelitschilas.

10 У потребителей снова появилось доверие.
U potrebitelei snowa pojawilos dowerije.

11 Руководители предприятий полны оптимизма.
Rukowoditeli predprijati polny optimisma.

12 Инфляция обуздана.
Infljazija obusdana.

13 Die Handelsbilanz weist Überschüsse / Defizite aus.

14 Die Diversifikation des Exports erfordert große Investitionen.

15 Die Erdöl- und Erdgasbranche ist der Reichtum Russlands.

16 Der Preis für Erdöl und für Rohstoffe ist gestiegen.

17 Der Kampf um Vollbeschäftigung der erwerbsfähigen Bevölkerung hat Priorität.

18 Die Arbeitslosigkeit ist um 2 % gesunken.

19 Die hohe Arbeitslosenquote führt dazu, dass viele junge Leute ins Ausland gehen.

20 Die Bevölkerungszahl in Russland ist permanent rückläufig.

21 Die Produktion von Ersatzteilen wird in Länder mit niedrigen Arbeitslöhnen/niedrigem Arbeitslohnniveau verlegt.

22 Zu hohe Steuern führen zu Kapitalflucht.

23 Der Handel mit gefälschter Ware und der Schmuggel nehmen zu.

PRÄPOSITIONEN: KASUS UND BEDEUTUNG (Fortsetzung)

над I über	про A von, über	возле G neben, an
после G nach	среди G (in)mitten	вместо G anstelle von
перед I vor	кроме G außer	против G gegen,
при L in Anwesenheit/ im Beisein von	мимо G vorbei an, daneben	gegenüber
между I zwischen	около G neben, an, bei	сквозь A durch
		благодаря D dank

13 Сальдо торгового баланса является активным /
    пассивным.
    Saldo torgowowo balansa jawljajetsja aktiwnym / passiwnym.

14 Диверсификация экспорта требует крупных инвестиций.
    Diwersifikazija eksporta trebujet krupnych investizi.

15 Нефтегазовая отрасль – это богатство России.
    Neftegasowaja otrasl – eto bogatstwo Rossii.

16 Цена на нефть и сырьё выросла.
    Zena na neft i syrjo wyrosla.

17 Приоритетом является борьба за полную занятость
    трудоспособного населения.
    Prioritetom javljajetsja borba sa polnuju sanjatost
    trudosposobnowo naselenija.

18 Безработица снизилась на 2%.
    Besrabotiza snisilas na dwa prozenta.

19 Высокий уровень безработицы толкает молодёжь за
    границу.
    Wysoki urowen besrabotizy tolkajet molodjosh sa granizu.

20 Численность населения России постоянно сокращается.
    Tschislennost naselenija Rossii postajanno sokraschtschajetsja.

21 Производство запчастей будет переведено в страны
    с дешёвой рабочей силой.
    Proiswodstwo saptschastei budet perewedeno w strany
    s deschowoi rabotschei siloi.

22 Слишком высокие налоги способствуют утечке
    капиталов.
    Slischkom vysokije nalogi sposobstbujut utetschke kapitalow.

23 Торговля контрафактными товарами и контрабанда
    развиваются.
    Torgowlja kontrafaktnymi towarami i kontrabanda raswiwajutsja.

1 благоприятна: *günstig*: Kurzform (KF) feminin, von dem Adjektiv благоприятный (–ая, –ое), Langform (LF). In diesem Fall ist die KF der LF vorzuziehen, weil es darum geht, ein besonderes Merkmal der Konjunktur zu bestimmen (der günstige Charakter im Zusammenhang mit einem bestimmten Zeitpunkt).

2 наблюдаются: *es sind zu beobachten (man beobachtet).* Beachten Sie die im Russischen sehr häufig auftretende Inversion des Subjekts.

3 наступил период застоя: wörtlich: *es ist eine Periode der Stagnation eingetreten.* Beachten Sie die Wahl der perfektiven Form des Verbpaares наступать/наступить, um das Ergebnis der Handlung anzuzeigen.

5 являться: *sein* gehört zu der Reihe der Zustandsverben, die einen entsprechenden Ersatz für das Verb *sein* darstellen, das Attribut steht dabei im Instrumental. Unter diesen Gebrauchsverben ist sehr geläufig: казаться/показаться: *(er)scheinen*, становиться/стать: *werden*, оставаться/остаться: *bleiben* usw.

8 россиян: Genitiv Plural von россиянин: *Bürger der Russischen Föderation.* Einige Substantive, die Personen nach ihrer Nationalität, ihrer Religion, ihrem sozialen Stand usw. bezeichnen, haben das Suffix –анин, –янин. Sie bilden den Nominativ Plural auf –<u>ане</u>, –<u>яне</u>, der Genitiv Plural hat eine <u>Nullendung</u>, des Weiteren folgt die Flexion dem regulären harten Deklinationstyp. Der Plural von россиянин ist somit россияне, россиян, россиянам... Nach diesem Modell: гражданин: *der Bürger*, крестьянин: *der Bauer*, usw. Beachten Sie! Im Russischen gilt für die Bezeichnung der Einwohner eines Landes immer die <u>Kleinschreibung</u>. Beachten Sie ebenfalls den Einfluss der politischen Veränderungen auf die „Laufbahn" von bestimmten Begriffen: россиянин, im Wörterbuch der Akademie von 1938 als veraltet und geschwollen bombastisch angeführt, findet wieder Verwendung und bezeichnet die Bürger der Russischen Föderation, ganz gleich, welche Nationalität sie haben. Das entsprechende Adjektiv: российский (Российская Федерация: *die Russische Föderation*).

12 *die Hyperinflation*: гиперинфляция; *der inflationäre Prozess*: инфляционный процесс; *die Deflation*: дефляция.

14 1 экспорт: *der (die) Export(e).* Dieses Wort wird immer im Singular verwendet, ebenso wie импорт: *der (die) Import(e).*

2 требовать (по–: *ersuchen, fordern*). Dieses Verb regiert normalerweise den Genitiv, aber auch den Akkusativ, wenn das Objekt fest

bestimmt ist. Beispiel: Вкладчики требуют свои деньги назад:
Die Sparer fordern ihr Geld zurück.

15 1 нефтегазовая: das Adjektiv wird gebildet aus den Substantiven
нефть: *das Erdöl* und газ: *das Gas*. Beachten Sie, dass nach нефть (weiche Endung) der Bindevokal ein <u>e</u> ist. Vergleichen Sie нефт<u>е</u>провод:
die Pipeline mit газ<u>о</u>провод: *die Erdgasleitung*: nach газ (harte Endung) ist der Bindevokal ein <u>o</u>.

  2 богатство: *der Reichtum*; богатый: *reich*; разбогатеть: *reich werden*; *die Neureichen*: нуворииши (oder der sehr in Mode gekommene
Ausdruck новые русские).

17 1 борьба: Achten Sie auf den Gebrauch der Präpositionen nach dem
Substantiv борьба: борьба за + Akkusativ: *der Kampf für*, aber
борьба <u>с</u> + Instrumental oder <u>против</u> + Genitiv: *der Kampf gegen*.

  2 занятость bedeutet *die Beschäftigung* im allgemeinen Sinn des Wortes. Zu unterscheiden von рабочее место: *eine Beschäftigung* (*eine
Arbeit, ein Posten*).

20 Der demografische Rückgang (демографический спад) ist ein Problem, das sich in Russland zugespitzt hat. Am 11. Juli 2006 zählte man
landesweit 142,4 Millionen Einwohner. Man rechnet mit der Anzahl
von 141,7 Millionen für 2007 und gibt die Anzahl von 100 Millionen für
2050 an. Russland hat den regelmäßigen Rückgang seiner Bevölkerung
seit den 1970er Jahren erlebt – mit einer Sterblichkeitsziffer (уровень
смертности), die höher ist als die Geburtenrate (рождаемость). Seit
mehreren Jahren verliert Russland im Durchschnitt 700.000 Einwohner pro Jahr. Die durchschnittliche Lebenserwartung (средняя
родолжительность жизни) geht kontinuierlich zurück, sie befindet
sich auf einem extrem niedrigen Niveau, besonders bei den Männern
(etwa bei 59 Jahren).

21 1 запчастей: Genitiv Plural von запчасти (запасные части).

  2 In Verbindung mit dem Thema der Auslagerung: *die zunehmende
Globalisierung*: растущая глобализация; *die Auslagerung der Produktion*: делокализация производства; *die Werksschließungen*
закрытие заводов.

22 налоги: *die Steuern*; налоговый рай: *das Steuerparadies*.

1 Der Markt wächst rasend schnell.

2 Wir haben viele Konkurrenten auf dem Markt.

3 Wir haben Marktanteile erworben.

4 Wir dringen in eine neue Marktnische vor.

5 Unsere Gewinne sind im Vergleich zum Vorjahr gestiegen.

6 Das sind Massenbedarfsartikel.

7 Dieser Markt ist unrentabel.

8 Wir möchten uns auf diesem Markt durchsetzen.

9 Die Konkurrenz ist härter geworden.

10 Auf dem europäischen Markt stehen wir an dritter Stelle.

11 Wir exportieren unsere Produkte in die ganze Welt.

12 Wir beabsichtigen, mit dem Autoverkauf 3% des Automarktes zu erzielen.

1 Рынок стремительно растёт.
Rynok stremitelno rastjot.

2 У нас много конкурентов на рынке.
U nas mnogo konkurentow na rynke.

3 Мы завоевали доли на рынке.
My sawojewali doli na rynke.

4 Мы прорываемся в новую рыночную нишу.
My prorywajemsja w nowuju rynotschnuju nischu.

5 Наши прибыли увеличились по сравнению с прошлым годом.
Naschi pribyli uwelitschilis po srawneniju s proschlym godom.

6 Это – товары широкого потребления.
Eto – towary schirokowo potreblenija.

7 Этот рынок является нерентабельным.
Etot rynok jawljajetsja nerentabelnym.

8 Мы желаем утвердиться на этом рынке.
My shelajem utwerditsja na etom rynke.

9 Конкуренция ужесточилась.
Konkurenzija ushestotschilas.

10 Мы занимаем третье место на европейском рынке.
My sanimajem tretje mesto na jewropeiskom rynke.

11 Мы экспортируем нашу продукцию по всему миру.
My eksportirujem naschu produkziju po wsemu miru.

12 Наша цель – достичь 3% на рынке продаж автомобилей.
Nascha zel – dostitsch trjoch prozentow na rynke prodash awtomobilei.

13 Wir haben eine Marktstudie angefordert.

14 Auf dem Binnenmarkt sind wir führend.

15 Wir spezialisieren uns auf den Bereich „schlüsselfertige Montage".

16 Auf den Kleidermärkten kann man Bekleidung und Schuhe zu recht niedrigen Preisen erwerben.

17 Es ist besser, seinen Kundenstamm zu erhalten als die Zeit mit der Suche nach neuer Kundschaft zu verbringen.

18 Unsere Verkaufsleistung hat sich dank des Telefonmarketings verdoppelt.

19 Diese Preisskala entspricht unserem Markenimage.

20 In einigen Ländern ist die vergleichende Werbung schon längst gesetzlich anerkannt.

21 Wir verfolgen weiterhin die Politik, uns in den ausländischen Markt einzubringen.

13 Мы сделали заявку на изучение рынка.
My sdelali sajawku na isutschenije rynka.

14 Мы являемся лидером на внутреннем рынке.
My jawljajemsja liderom na wnutrennem rynke.

15 Мы специализируемся в сфере монтажа «под ключ».
My spezialisirujemsja w sfere montasha „pod kljutsch".

16 На вещевых рынках можно приобрести одежду, обувь по довольно низким ценам.
Na weschtschewych rynkach moshno priobresti odeshdu, obuw po dowolno niskim zenam.

17 Лучше сохранять своих клиентов, чем проводить время в поисках новых.
Lutschsche sochranjat svoich klijentow, tschem prowodit wremja w poiskach nowych.

18 Уровень наших продаж удвоился благодаря телефонному маркетингу.
Urowen naschich prodash udwoilsja blagodarja telefonnomu marketingu.

19 Эта ценовая гамма соответствует нашему имиджу.
Eta zёnowaja gamma sootwetstwujet naschemu imidshu.

20 В некоторых странах сравнительная реклама уже давно узаконена.
W nekotorych stranach srawnitelnaja reklama ushe dawno usakonena.

21 Мы продолжаем политику внедрения на зарубежный рынок.
My prodolshajem politiku wnedrenija na sarubeshny rynok.

3 мы завоевали: *wir haben erkämpft, errungen* (Kriegsterminologie). Zum Beispiel: отвоевать лидерство у кого-л: *die Führung im Kampf zurückerobern*; взять приступом новые рыночные рубежи: *neue Marktpositionen im Sturm erobern*.

9 Wortreihe zur Konkurrenz: конкурент, конкурентный, конкурентоспособный: *konkurrenz- (Adj.), wettbewerbsfähig*; конкурировать: *konkurrieren*.

Beispiel: мобильники стали конкурировать с ноутбуками: *die Mobiltelefone (Handys)* haben begonnen, mit den tragbaren Computern zu konkurrieren.

13 Merke: <u>заявка</u> ist sehr geeignet für Anfragen aller Art. Die Konstruktion <u>mit на + Akk</u>. Beispiel: заявки на кредит, на получение патента... *Anträge auf einen Kredit, auf den Erhalt eines Patentes ...*

14 Das Wort лидер ist während des gesamten 20. Jh. in Russland sehr aktuell. In der Pluralform kann es Persönlichkeiten bezeichnen, die besonders hervortreten: лидеры молодёжных организаций: *die Leiter von Jugendorganisationen*. Schon seit der Sowjetzeit wurde der Terminus ungeachtet seines fremden Ursprungs zuhilfe genommen, um die Energien zu dopen: Совхоз-лидер по производсту мяса: *Sowchose-Leiter für die Produktion von Fleisch*. Er erfreut sich zur Zeit weiterhin großer Popularität . Wortreihe zu лидер: лидерский, лидерство, лидировать; страна лидирует по росту цен на бензин: *das Land führt bei der Preissteigerung für Benzin*.

15 *schlüsselfertig*: russisch sagt man „под ключ". <u>Под + Akk</u>. Kann das richtige Verhältnis, die Kompatibilität kennzeichnen: Эта задача ему под силу: *Diese Aufgabe kann er leisten*. Wenn es sich um eine Wohnung handelt (квартира „под ключ"), hat man tatsächlich eine Immobilie vor sich, für die gilt, dass man nur noch den Schlüssel im Schloss herumdrehen muss (der Begriff „turnkey" im Englischen ist ebenso wie die russische Sprache derart bestrebt, dies mit seinen eigenen syntaktischen Mitteln zum Ausdruck zu bringen).

18 удвоиться: *verdoppeln*. Um zu *verdreifachen*: утроиться oder увеличиться в три раза. Darüber hinaus setzt sich diese letzte Redewendung durch: увеличиться в четыре раза: *vervierfachen*, usw.

ZUM THEMA MARKT: О РЫНКЕ

1 **рынок:** *rynok:* die Wurzel ist <u>rnk</u>, zu vergleichen mit „ring", von hier der runde Platz (... oder in einer anderen Form), wo man alle Sorten von Waren verkauft. Spezielle Märkte, die immer in Betrieb sind: овощной рынок: *Obst- und Gemüsemarkt,* цветочный рынок: *Blumenmarkt,* птичий рынок: *Geflügelmarkt ...* базар, überwiegend im Süden des Landes vorzufinden.

2 Die Wortgruppen von Gütern, Serviceleistungen und Kapitalanlagen verwenden dasselbe Wort: рынок металлов: *der Metallmarkt,* рынок леса : *der Holzmarkt,* рынок никеля: *der Nickelmarkt,* рынок валют: *der Devisenmarkt ...*

3 Ebenso für die Handelsbeziehungen: внутренний рынок: *der Binnenmarkt,* внешний рынок: *der Außenhandelsmarkt,* Общий рынок: *der allgemeine Markt,* мировой, глобальный рынок: *der Weltmarkt, der globale Markt ...*

4 Zur Planwirtschaft: плановая экономика wird *der Marktwirtschaft:* рыночная экономика *gegenübergestellt.* Der Verfechter dieser Wirtschaftsform hat den Namen рыночник.

5 рынок setzt sich natürlich an der Börse durch: биржевые рынки: *die Börsenmärkte,* первичный рынок: *der primäre Markt,* вторичный рынок: *der sekundäre Markt,* рынок ценных бумаг: *der Wertpapiermarkt,* рынок: „Spot" *der Effektivmarkt,* фьючерский рынок: *der Markt der Zukunft.* Фьючерсные контракты: *die Verträge der Zukunft* können sich erstrecken auf *die Waren:* товары, *die Devisen:* валюты, *die Wechsel:* векселя und *die Fondsindizes:* фондовые индексы.

Самые главные российские биржи:
- Российская торговая система (РТС) *Russisches Handelssystem oder Börse RTS*
- Московская межбанковская валютная биржа (ММВБ) *Moskauer Internationale Banken- und Devisenbörse oder Börse MMVB*
- Московская фондовая биржа (МФБ) *Moskauer Wertpapierbörse* oder *Börse MFB*
- Фондовая биржа „Санкт-Петербург" *Wertpapierbörse in Sankt Petersburg.*

1 In dem Rechenschaftsbericht geht es um die Kaufgewohnheiten der Hausfrauen.

2 Diese grafische Darstellung zeigt die Verkaufssteigerung.

3 Es fällt uns schwer der Nachfrage zu entsprechen.

4 Die Perspektiven sind hervorragend.

5 Den verschiedenen Altersgruppen der Kunden entspricht ein unterschiedliches Kaufverhalten.

6 Die gegenwärtige Situation ist bedeutend besser als vor einem halben Jahr.

7 Die Verteiler bieten Preisnachlässe als Anreiz an, um den Verkauf zu fördern.

8 Ihr Lebensstandard verbessert sich ständig.

9 Sind diese Zahlen zuverlässig?

10 Das ist eine schmale, aber überaus aussichtsreiche Nische.

11 Unsere Auftragsbücher sind voll.

12 Wir mussten unsere Produkte dem Geschmack der neuen Kunden anpassen.

13 Wir haben soeben erst die Resultate der Umfrage erhalten.

1 В отчёте речь идёт о покупательских привычках
домохозяек.
W ottschote retsch idjot o pokupatelskich privytschkach domochosjajek.

2 Этот график показывает рост продаж.
Etot grafik pokasywajet rost prodash.

3 Нам трудно удовлетворить спрос.
Nam trudno udowletworit spros.

4 Перспективы намечаются прекрасные.
Perspektiwy nametschajutsja prekrasnyje.

5 Разным возрастным группам покупателей соответствует
различная манера поведения.
Rasnym wosrastnym gruppam pokupatelei sootwetstwujet
raslitschnaja manera powedenija.

6 Настоящее положение вещей значительно лучше,
чем полгода назад.
Nastojaschtscheje poloshenije weschtschei snatschitelno lutschsche,
tschem polgoda nasad.

7 Дистрибьютеры предлагают скидки, чтобы
стимулировать продажи.
Distribjutery predlagajut skidki, tschtoby stimulirowat prodashi.

8 Их уровень жизни улучшается регулярно.
Ich urowen shisni ulutschschajetsja reguljarno.

9 Эти цифры надёжные?
Eti zifry nadjoshnyje?

10 Это узкая, но весьма перспективная ниша.
Eto uskaja, no wesma perspektiwnaja nischa.

11 Портфель заказов полностью укомплектован.
Portfel sakasow polnostju ukomplektowan.

12 Нужно было адаптировать продукцию ко вкусам новых
клиентов.
Nushno bylo adaptirowat produkziju ko wkusam nowych klijentow.

13 К нам только что пришли результаты опроса.
K nam tolko tschto prischli resultaty oprosa.

14 Die meisten unserer Kunden bleiben unserer Marke treu.

15 Wir nutzen die Verbraucherplattformen.

16 Wir hören stets auf die Meinungen unserer Kunden.

17 Dieser Markt ist sehr begrenzt.

18 Unser Sortiment ist nicht breit gefächert.

19 Der Markt ist übersättigt.

20 Für die Luxuswaren besteht ein eigenes Klientel.

21 Die Mehrheit der Befragten kennt unsere Marke.

22 Infolge der Produktionssteigerung müssen neue Absatzmärkte gesucht werden.

23 Dieser Markt ist stark segmentiert.

24 Der Erfolg dieser Aktion ist sicher.

14 Большинство наших клиентов остаются верными нашей марке.
Bolschinstwo naschich klijentow ostajutsja wernymi naschei marke.

15 Мы используем панели потребителей.
My ispolsujem paneli potrebitelei.

16 Мы постоянно прислушиваемся к мнению наших клиентов.
My postojanno prisluschiwajemsja k mneniju naschich klijentow.

17 Этот рынок очень ограничен.
Etot rynok otschen ogranitschen.

18 Наш ассортимент – не широкий.
Nasch assortiment – ne schiroki.

19 Рынок – перенасыщен.
Rynok – perenasyschtschen.

20 Для товаров класса люкс существует своя клиентура.
Dlja towarow klassa ljuks suschtschestwujet swoja klijentura.

21 Большинство опрошенных знают нашу марку.
Bolschinstwo oproschennych snajut naschu marku.

22 Увеличение продукции создаёт необходимость искать новые рынки сбыта.
Uwelitschenije produkzii sosdajot neobchodimost iskat nowyje rynki sbyta.

23 Этот рынок сильно сегментирован.
Etot rynok silno segmentirovan.

24 Успех этой кампании обеспечен.
Uspech etoi kampanii obespetschen.

5 1 повед**е**ние zu übersetzen *das Verhalten und die Führung/das Beneh-*
men, der Begriff wird nur im Singular benutzt. Falls der Gebrauch
des Plural erforderlich ist, wird ein zur Klassifizierung entlehntes
Wort vorangestellt. Z.B.: т**и**пы повед**е**ния: *die Verhaltensweisen.*
Повед**е**ние kommt von dem Verb вест**и**: *führen, lenken. Die Art*
und Weise, sich in der Gesellschaft zu bewegen wird wiedergegeben
als: ман**е**ра вест**и** себ**я** в **о**бществе.

2 *die Altersgruppen*: возрастн**ы**е гр**у**ппы. Diese Gruppen findet man
im Bereich des Sports: *einen jungen Sportler in die nächsthöhere*
Altersgruppe aufnehmen: допуст**и**ть молод**о**го спортсм**е**на на одн**у**
возрастн**у**ю гр**у**ппу в**ы**ше.

13 1 <u>опр**о**сы</u>: *die Befragungen*, vom Verb опрос**и**ть/опр**а**шивать *fragen,*
befragen, werden auf der Straße durchgeführt (**у**личные), *auf von den*
Verbrauchern besonders frequentierten Plätzen (в мест**а**х скопл**е**ния
потреб**и**телей), im Internet (онл**а**йн-опр**о**сы), als Blitzumfragen
(бл**и**ц-опр**о**сы) usw. *Die gefragten Personen, die Befragten*: респон-
д**е**нты, опр**о**шенные. Beispiel: 17% опр**о**шенных затрудн**и**лись с
отв**е**том: *17% der Befragten wussten nicht, was sie antworten sollten*
(die konventionelle Formulierung um zu sagen, dass sie nicht geant-
wortet haben).

2 <u>з**о**ндажи</u>: *die Umfragen*, zum Beispiel diejenigen, die die Wahlen
betreffen. Beispiel: Запрет**и**ли публик**а**цию з**о**ндажей за пятн**а**д-
цать дней до нач**а**ла избир**а**тельной камп**а**нии: *Man hat verbo-*
ten, die Umfragen fünfzehn Tage vor Beginn der Wahlkampagne zu
publizieren.

3 <u>анк**е**та</u> *der Erhebungsbogen* (zur öffentlichen Meinung). Ebenso gibt
es анк**е**та-опр**о**с; *der Fragebogen*: опр**о**сный лист.

19 нас**ы**щенный von dem Verb нас**ы**тить: *sättigen.* Beachten Sie die
„Palatalisierung": <u>т → щ</u> bei dieser Form des Partizips Präteritum Passiv
(wegen des Vorhandenseins eines j vor dem Bindevokal <u>е</u>, der vor dem
Suffix –нн steht). Es empfiehlt sich, auf diesen Lautwechsel zu achten,
der auch in einer ganzen Anzahl von Verben auf <u>–ить</u> auftritt. Anzutreffen ist er auch bei опр**о**шенные: *die Befragten* (s.o.). Bei dieser Form
findet auch ein Betonungswechsel statt: опрос**и**ть – опр**о**шенный.

Лист опроса потребителей[1]: *Muster eines Fragebogens*

1 Как долго Вы сотрудничаете с нашим заводом?
   (*Wie lange arbeiten Sie mit unserem Werk zusammen?*)
2 Оцените работу нашего предприятия в целом. (*Bewerten Sie
   insgesamt die Arbeit unseres Unternehmens.*)   <u>Note 1 bis 5</u>
   a. Информационная доступность (*Informationsfluss*)
   b. Открытость для покупателей (*Transparenz ...*)
   c. Гибкость в работе с покупателем (*Flexibilität ...*)
3 Оцените продукцию, предлагаемую нашим предприятием
   (*Bewerten Sie die Produktion ...*)   <u>Note 1 bis 5</u>
   a. Соответствие качества продукции установленным
   требованиям (*Übereinstimmung ... mit den Rahmenbedingungen*)
   b. Предлагаемый ассортимент (*das auf den Markt gebrachte Sortiment*)
   c. Сроки производства (*Herstellungsfristen*)
   d. Цены (*Preise*)
4 Дайте оценку услугам, предлагаемым нами. (*Bewerten Sie die
   Serviceleistungen, die wir Ihnen anbieten.*)   <u>Note 1 bis 5</u>
   a. Качество погрузочных работ (*Qualität der Verladearbeiten*)
   b. Время оформления отгрузочных документов (*die Fristen für die
   Erledigung der Versandformalitäten*)
5 Оцените торговое и послепродажное сопровождение товара
   (*Bewerten Sie den anschließenden Kundendienst.*)   <u>Note 1 bis 5</u>
   a. Наличие технической документации (*die technische Dokumentation*)
   b. Быстрота реакции на жалобы (*die schnelle Reaktion auf Reklama-
   tionen*)
   c. Техническая помощь (*technische Hilfeleistung*)
   d. Гарантии (*Garantieleistungen*)
6 Дайте оценку персоналу, с которым вы контактируете на нашем
   преприятии (*Bewertung des Personals*)   <u>Note 1 bis 5</u>
   a. Профессиональный уровень (*professionneller Niveau*)
   b. Отзывчивость (*freundliches Entgegenkommen*)
   c. Заинтересованность в работе (*Interesse an der Arbeit*)
7 Намерены ли вы постоянно сотрудничать с нашей фирмой?
   (*Beabsichtigen Sie, ständig mit unserer Firma zusammenzuarbeiten?*)
   <u>Klicken Sie auf Ja oder Nein</u>

1. *Verbraucher-Fragebogen, der einem Käufer von Industrieprodukten, der
per Computer antwortet, unterbreitet wird.*

2 VERTRIEB

1 Der Kleinhandelspreis ist unverändert.

2 Diese Artikel werden in den Supermärkten verkauft.

3 Wir verkaufen nicht stückweise.

4 Diese Waren werden nur auf dem Versandweg verkauft.

5 Dieser Großhändler verkauft nicht nur en gros, sondern auch en Detail / stückweise.

6 Unser Warenvorrat ist zu Ende gegangen.

7 Wir erwarten die neuen Wareneingänge in den nächsten Tagen.

8 Diesen Artikel werden wir nächste Woche zur Verfügung haben.

9 Wir stellen dieses Modell nicht mehr her.

10 Wir haben erfahrene Handelsagenten.

11 Wir haben eine Kette von Selbstbedienungsgeschäften.

12 Wir sind berechtigt, dieses Logo für unser Firmenschild zu verwenden.

13 Wir verkaufen direkt an den Verbraucher.

14 Wir schicken die Ware direkt nach Hause.

15 Wir verfügen über ein Netz von 60 Verkaufsstellen.

2   СБЫТ

1 Розничная цена не изменилась.
Rosnitschnaja zena ne ismenilas.

2 Эти товары имеются в продаже в супермаркетах.
Eti towary imejutsja w prodashe w supermarketach.

3 Мы не продаём поштучно.
My ne prodajom poschtutschno.

4 Эти товары продаются только по почте.
Eti towary prodajutsja tolko po potschte.

5 Этот оптовик торгует не только оптом, но и в розницу.
Etot optowik torgujet ne tolko optom, no i w rosnizu.

6 У нас кончился запас товара.
U nas kontschilsja sapas towara.

7 Мы ждём новое поступление на днях.
My shdjom nowoje postuplenije na dnjach.

8 Этот товар будет у нас в наличии на будущей неделе.
Etot towar budet u nas w nalitschii na buduschtschei nedele.

9 Мы больше не производим эту модель.
My bolsche ne proiswodim etu model.

10 У нас работают опытные торговые агенты.
U nas rabotajut opytnyje torgowyje agenty.

11 Мы владеем сетью магазинов самообслуживания.
My wladejem setju magasinow samoobslushiwanija.

12 Мы имеем право использовать этот логотип для нашей вывески.
My imejem prawo ispolsowat etot logotip dlja naschei wyweski.

13 Мы осуществляем прямые продажи потребителю.
My osuschtschestwljajem prjamyje prodashi potrebitelju.

14 Мы организуем продажу на дому.
My organisujem prodashu na domu.

15 В нашу сеть входят 60 торговых точек.
W naschu set wchodjat schestdesjat torgowych totschek.

16 Unsere Vertreter besuchen regelmäßig die Verkaufsstellen.

17 Unsere Marke ist in den meisten Supermärkten vertreten.

18 Sie finden dieses Teil in der Werkzeugabteilung.

19 Sie können Ihre Bestellung sicher und ohne jegliches Risiko im Internet aufgeben.

20 Unsere Geschäfte sind an allen Tagen der Woche geöffnet.

21 Wir arbeiten hauptsächlich mit den Handelsvertretern im Kleinhandel.

22 Unser Geschäftsnetz überzieht das ganze Land.

23 Dieser Artikel wird sowohl in den nächstgelegenen Geschäften wie auch in den Handelszentren verkauft.

24 Wir können Ihnen unseren Katalog und Warenmuster unserer Artikel zuschicken.

25 Unsere Geschäfte sind am Sonntag geschlossen.

26 Wir verkaufen vorwiegend an Großhändler.

27 Wir haben unser Verteilernetz neu gestaltet.

16 Группа наших представителей постоянно посещает
торговые точки.
Gruppa naschich predstawitelei postojanno poseschtschajet
torgowyje totschki.

17 Наша марка представлена в большей части
супермаркетов.
Nascha marka predstawlena w bolschei tschasti supermarketow.

18 Вы найдёте эту деталь в отделе инструментов.
Wy naidjote etu detal w otdele instrumentow.

19 Вы можете сделать заказ через Интернет, что абсолютно
безопасно.
Wy moshete sdelat sakas tscheres Internet, tschto absoljutno besopasno.

20 Наши магазины работают без выходных.
Naschi magasiny rabotajut bes wychodnych.

21 Мы работаем, в основном, с представителями малого
бизнеса розничной торговли.
My rabotajem, w osnownom, s predstawiteljami malowo
bisnesa rosnitschnoi torgowli.

22 Сеть наших магазинов охватывает всю страну.
Set naschich magasinow ochwatywajet wsju stranu.

23 Этот товар имеется в продаже как в ближайших
магазинах, так и в торговых центрах.
Etot towar imejetsja w prodashe kak w blishaischich
magasinach, tak i w torgowych zentrach.

24 Мы можем выслать вам каталог и образцы наших
изделий.
My moshem wyslat wam katalog i obrasy naschich isdeli.

25 По воскресеньям сеть наших магазинов закрыта.
Po woskresenjam set naschich magasinow sakryta.

26 Мы продаём, прежде всего, оптовикам.
My prodajom, preshde wsewo, optowikam.

27 Мы реорганизовали нашу дистрибьюторскую сеть.
My reorganisowali naschu distribjutorskuju set.

2 супермаркет: die traditionellen Begriffe магазин, универмаг (универсальный магазин), торговый центр, торговая точка, werden immer öfter von Bezeichnungen fremden Ursprungs verdrängt: маркет, супермаркет, гипермаркет. Das Präfix <u>супер</u> ist eine Doppelung der russischen Entsprechung <u>сверх</u> in nicht kommerziellen Termini wie супердержава: *Supermacht*, die mit сверхдержава konkurriert. Ebenso gibt es das Wortpaar: суперспециалист/сверхспециалист: *hochspezialisierter Fachmann.*

3 поштучно: *per Stück.* Der Grundbegriff bei der Bildung des Adverbs ist штука: *die Sache, das Stück.* Beachten Sie die Konstruktion „20 штук гвоздей" (wörtlich *20 Stück Nägel*). In поштучно, hat <u>по</u> distributive Bedeutung. Nach dem gleichen Schema: помесячно: *monatlich.*

8 zur Erinnerung: die Planung der Woche: на этой неделе: *diese Woche*; на будущей неделе: *kommende Woche*; на следующей неделе: *nächste Woche*

Das Vokabular zur Woche hat sprechende Bedeutung: неделя bedeutete ursprünglich *Sonntag*, wörtlich: der Tag, an dem man nichts tut. понедельник: *Montag* (der Tag nach dem Sonntag), вторник, четверг, пятница: *Dienstag, Donnerstag, Freitag* (der 2., 4. und 5. Tag); среда: *Mittwoch* (die Mitte der Woche); суббота: *Samstag* (Sabbat), воскресенье: *Sonntag* (die Auferstehung, Ostern: Светлое Христово Воскресение).

• *Am Montag...*: <u>в</u> mit dem Akkusativ: в понедельник, во вторник, в среду, ...
• *Immer am Montag, montags*: <u>по</u> mit dem Dativ: по понедельникам, по вторникам, по средам...
• *Jeden Montag ...*: Redewendung im Akkusativ mit каждый: каждый понедельник, каждую среду, каждое воскресенье...
• *Bis nächsten Montag:* до будущего понедельника.

27 дистрибью(у)торский < дистрибью(у)тор: *Verteiler, Vertreiber*; дистрибуция, lange der distributiven Analyse in der Linguistik vorbehalten, erscheint der Begriff jetzt in dem großen ... Vertrieb, Absatz.

PRAKTISCHER TEIL

■ **Wie spät ist es?** Который час? Сколько времени?
1 Uhr (am Tag, in der Nacht): час (дня, ночи)
2 Uhr (am Nachmittag, in der Nacht): два часа (дня, ночи)
5 Uhr (am Abend, am Morgen): пять часов (вечера, утра)
17 Uhr: семнадцать часов

1 Uhr 10: час десять, ои десять минут второго
(nicht genannt: часа: der angefangenen Stunde)
2 Uhr 15: два пятнадцать (пятнадцать минут третьего, четверть
третьего) (четверть (f): *das Viertel*)
3 Uhr 30: три тридцать (половина четвёртого) (половина *die
Hälfte*)
3 Uhr 40 oder *4 Uhr minus 20*: три сорок oder без двадцати четыре
(без für *minus* + Genitiv)
12 Uhr 50: без десяти час: *ein Uhr minus 10*

- Beachten Sie! <u>Die genaue Zeitangabe</u>: точное время:
  10 Uhr: десять ноль-ноль = ровно десять часов.

■ **Um wieviel Uhr?** В котором часу? Во сколько?
Antwort: в два (три, четыре) часа (Genitiv Singular),
в пять (шесть...) часов (Genitiv Plural)

mittags: в полдень (в 12 часов дня) (полдень: *die Hälfte des Tages,
Mittag*). Beachten Sie die Deklination: *bis zum Mittag*: до полудня
(полу in allen Fällen)
um Mitternacht: в полночь (в 12 часов ночи), до полуночи
24 Uhr: 24 часа ночи (in Bezug auf den Tag, der zu Ende geht)
0 Uhr: ноль часов (in Bezug auf den beginnenden Tag)
um 2 Uhr 20: в два двадцать (в двадцать третьего)
um 5 Uhr 30: в пять тридцать (в половине шестого)
11 Uhr 40: в одиннадцать сорок (в без двадцати двенадцать)

- Um pünktlich zu sein, <u>in Bahnhöfen oder Flughäfen</u>:
  um 2 Uhr 10: поезд отходит в два часа десять минут (ночью)
  um 14 Uhr: поезд отходит в четырнадцать часов (днём)
  um 3 Uhr 15: вылет самолёта в три часа пятнадцать минут (ночью)
  um 15 Uhr: вылет самолёта в пятнадцать часов (днём)

■ **Relative Zeitangaben**
In einer halben Stunde: через полчаса. *Eine halbe Stunde vor der
Abfahrt*: за полчаса до отъезда. *Lieferung in einer halben Stunde*:
доставка за полчаса. *Ich habe länger als eineinhalb Stunden gewartet*:
Я ждал больше полутора часов. (Deklination: полу in allen Fällen).
Beachten Sie: *eine Stunde und eine halbe Stunde*: полтора часа.

1 Wir gelten als ein großes Unternehmen.

2 Unsere Firma gehört zur Kategorie der mittelständischen und Kleinunternehmen.

3 Das ist ein kleines Familienunternehmen.

4 Das ist eine Aktiengesellschaft.

5 Die Aktien unserer Gesellschaft notieren an der Börse.

6 Unser Unternehmen wurde (im Jahr) 1994 gegründet.

7 Unser Handelsumsatz beträgt X Rubel.

8 Der Hauptsitz unserer Firma befindet sich direkt im Stadtzentrum.

9 Der gesamte Personalbestand unseres Unternehmens beläuft sich auf 75 Personen.

10 Unser Unternehmen beschäftigt hauptsächlich junge Mitarbeiter.

11 Wir sind auf jede mögliche Weise bemüht, unsere hochqualifizierten Fachkräfte zu halten.

1 Мы считаемся крупным предприятием.
   My stschitajemsja krupnym predprijatijem.

2 Наша фирма относится к категории среднего и малого бизнеса.
   Nascha firma otnositsja k kategorii srednewo i malowo bisnesa.

3 Это семейное небольшое предприятие.
   Eto semeinoje nebolschoje predprijatije.

4 Это акционерное общество.
   Eto akzionernoje obschtschestwo.

5 Акции нашей компании котируются на бирже.
   Akzii naschei kompanii kotirujutsja na birshe.

6 Наше предприятие было основано в 1994 году.
   Nasche predprijatije bylo osnowano w tysjatscha dewjatsot dewjanosto tschetwjortom godu.

7 Наш торговый оборот составляет X рублей.
   Nasch torgowy oborot sostawljajet X rublei.

8 Главный офис нашей фирмы находится в самом центре города.
   Glawny ofis naschei firmy nachoditsja w samom zentre goroda.

9 Общий штат нашего предприятия насчитывает 75 человек.
   Obschtschi schtat naschewo predprijatija nastschitywajet semdesjat pjat tschelowek.

10 На нашем предприятии работают в основном молодые кадры.
   Na naschem predprijatii rabotajut w osnownom molodyje kadry.

11 Мы пытаемся всячески удержать высококвалифицированных специалистов.
   My pytajemsja wsjatscheski udershat wysokokwalifizirowannych spezialistow.

12 Unsere Gesellschaft handelt mit Computern und schätzt sehr ihre Auftraggeber im Unternehmensbereich.

13 Unsere hauptsächliche Tätigkeit ist die Verwertung von Abfallprodukten.

14 Unsere große Aufmerksamkeit gilt den Problemen des Naturschutzes.

15 Die Buchhaltung wird extern geführt (Outsourcing).

16 Wir haben uns an ein Audit-Unternehmen gewandt, um die Richtigkeit der Rechnungsführung zu überprüfen.

17 Unsere Firma investiert bedeutende Mittel in moderne Spitzentechnologien.

18 Unsere Gesellschaft unterhält einige Filialen im Ausland.

19 Wir haben zuverlässige Partner.

20 Unser Image hat für uns eine sehr große Bedeutung.

21 Wir investieren 3% des Ertrages in wissenschaftliche Forschungsarbeiten und empirische Entwicklungen (NIOKR).

12 Наша компания занимается торговлей компьютерами и
   очень ценит своих корпоративных заказчиков.
   Nascha kompanija sanimajetsja torgowlei kompjuterami i
   otschen zenit svoich korporatiwnych sakastschikow.

13 Нашим основным видом деятельности является
   утилизация отходов.
   Naschim osnownym widom dejatelnosti jawljajetsja utilisazija otchodow.

14 Мы очень внимательно относимся к проблемам охраны
   окружающей среды.
   My otschen wnimatelno otnosimsja k problemam ochrany
   okrushajuschtschei sredy.

15 Бухгалтерию мы отдали на аутсорсинг.
   Buchgalteriju my otdali na autsorsing.

16 Мы обратились в аудиторскую фирму, чтобы проверить
   достоверность отчётности.
   My obratilis w auditorskuju firmu, tschtoby prowerit
   dostowernost ottschotnosti.

17 Наша фирма инвестирует значительные средства в
   передовые технологии.
   Nascha firma inwestirujet snatschitelnyje sredstwa w
   peredowyje technologii.

18 Наша компания имеет несколько филиалов за границей.
   Nascha kompanija imejet neskolko filialow sa granizei.

19 У нас надёжные партнёры.
   U nas nadjoshnyje partnjory.

20 Мы очень сильно дорожим нашим имиджем.
   My otschen silno doroshim naschim imidshem.

21 3% выручки мы инвестируем в НИОКР (научно-
   исследовательские и опытно-конструкторские работы)
   Tri prozenta wyrutschki my inwestirujem w niokr (nautschno-
   issledowatelskije i opytno-konstruktorskije raboty).

1 Neben предприятие werden zur Bezeichnung des Unternehmens oder seiner Entsprechungen gleichfalls die Begriffe фирма, компания, корпорация, usw. benutzt.

   privates/staatliches Unternehmen: частное/государственное предприятие; *die Handelsfirma* коммерческая фирма; *die Finanzgesellschaft*: финансовая корпорация; *die multinationale Gesellschaft*: транснациональная компания.

2 *die kleinen und mittleren Unternehmen* (*KMU*): средний и малый бизнес (бизнесмен: *Geschäftsmann*); parallel zu бизнес verwendet man предпринимательство: *die kleinen Unternehmen*: малое предпринимательство, *das freie Unternehmen*: свободное предпринимательство.

6 основано: Partizip Präteritum Passiv der кғ gebildet von основать; *(be)gründen* wird auch mit учредить wiedergegeben, oft verwendet im juristischen Sprachgebrauch; *der (Be)gründer*: основатель oder учредитель.

8 1 офис: *das (die) Büro(s)*. Der Gebrauch dieses Wortes hat sich im Laufe der Jahre zum Nachteil von контора durchgesetzt. In Verbindung mit dem vorangestellten Adjektiv главный bezeichnet es *den Firmensitz des Unternehmens*; der Ausdruck wird dem jeweiligen Gegenstand zufolge ebenfalls übersetzt als юридический адрес, штаб-квартира oder местонахождение.

   2 самом ist der Lokativ maskulin Singular des Determinativpronomens самый (–ая, –ое). Dieses Pronomen hebt das Substantiv hervor, das es bestimmt. Wenn es sich bei dem Substantiv um eine Orts- oder Zeitangabe handelt, wird самый im Allgemeinen mit *selbst, genau, gerade* usw. wiedergegeben (hier *genau im Zentrum, direkt im Zentrum*). In Verbindung mit einem Adjektiv dient самый zur Bildung des Superlativs: самый большой: *der größte*. Nicht zu verwechseln mit dem Pronomen сам, сама, само, сами: *er selbst, ganz allein*.

10 молодые кадры: *die jungen Arbeitnehmer, die junge Belegschaft*. Vorsicht! кадры ist ein „falscher Freund": dieser Terminus bestimmt die Belegschaft eines Unternehmens im Allgemeinen; *die Vorgesetzten* (*der Kader*): инженерно-технические работники (ИТР) oder руководящие и ответственные кадры. Für *die führenden Kreise* hat man управленческие работники, управленцы oder noch руководители высшего звена. Der Terminus менеджер, für den die Russen eine besondere Vorliebe haben, bezeichnet die Verantwortlichen und die Direktoren auf allen Ebenen: менеджер по продажам: *der Verkaufsleiter*; финансовый менеджер: *der Finanzdirektor*; топ-менеджер: *der Top-Manager* usw.

12 Für *das Klientel des Unternehmens* gebraucht man den Begriff корпоративные заказчики (клиенты), *die private Kundschaft* heißt частные клиенты oder частная клиентура.

16 Zur selben Wortfamilie gehören аудиторский: *Adj. zu das Audit*, аудит: *das Audit*, аудитор: *der Auditor*, аудировать: *auditieren*.

20 дорожить steht mit dem Instrumental. Beachten Sie, dass das unbetonte o̱ nicht nach einem Zischlaut stehen kann und deshalb durch ein е̱ ersetzt wird, deshalb имидже̱м.

Unternehmensformen

ОАО Открытое акционерное общество: *Offene Aktiengesellschaft*
ЗАО Закрытое акционерное общество: *Geschlossene Aktiengesellschaft*
ООО Общество с ограниченной ответственностью: *Gesellschaft mit beschränkter Haftung (GmbH)*

■ Andere Gesellschaftsformen

- **Полное товарищество**: *Offene Handelsgesellschaft (OHG)*
  Jeder Gesellschafter ist in vollem Umfang für die Schulden und die Verbindlichkeiten des Unternehmens verantwortlich.

- **Простое товарищество**: *Stille Gesellschaft*

- **Товарищество на вере**: *Kommanditgesellschaft*
  Zwei Typen von Gesellschaftern: die *Komplementäre*: полные товарищи, die im Rahmen ihrer Kapitalbeteiligung Verantwortung tragen und die *Kommanditisten*: коммандисты, die von den Komplementären ernannt werden; sie sind im Rahmen ihres Anlagekapitals verantwortlich und an der Führung der Gesellschaft nicht beteiligt.

- **Унитарное предприятие**: *Einheitsunternehmen*: die Gründung des Untenehmens erfolgt durch die Initiative eines *Inhabers*: собственник, des Staates oder einer Stadtverwaltung und hat eine Geschäftsleitung (руководитель), die vom Inhaber nominiert wird.
  Das Unternehmen ist als Handelsorganisation anerkannt und einheitlich in dem Sinn, dass sein Unternehmensvermögen nicht in Form von Anteilen verteilt werden kann.

4 PRODUKTE UND SERVICELEISTUNGEN

1 Wir verkaufen nur Produkte höchster Qualität.

2 Dieser Apparat ist sehr stabil.

3 Das Design unserer Produkte entspricht der Nachfrage.

4 Die Beurteilungen der Verbraucher sind positiv.

5 Wir verwenden die modernste Technologie.

6 Unsere besondere Aufmerksamkeit gilt der Verpackung der Ware.

7 Die Haltbarkeitsdauer der Ware beträgt 10 Jahre.

8 Die Garantie für diesen Apparat beträgt zwei Jahre.

9 Der Jahresvertrag kann verlängert werden.

10 Wir haben dieses Produkt gerade erst in Umlauf gebracht und schon erfreut es sich einer großen Nachfrage.

11 Das Haltbarkeitsdatum steht auf dem Verschluss der Flasche.

12 Die äußere Form des Artikels wurde verändert, seine Eigenschaften aber sind auch weiterhin garantiert.

13 Wir verkaufen nicht nur die Waren, wir bieten auch Serviceleistungen.

14 Wir stellen dieses Modell nicht mehr her, das neue Folgemodell aber hat vergleichbare technische Eigenschaften.

1 Мы продаём продукцию только высшего качества.
   My prodajom produkziju tolko wysschewo katchestwa.

2 Этот аппарат очень прочный.
   Etot apparat otschen protschny.

3 Дизайн нашей продукции соответствует спросу.
   Disain naschei produkzii sootwetstwujet sprosu.

4 Отзывы покупателей – положительные.
   Otsywy pokupatelei – poloshitelnyje.

5 Мы используем самую передовую технологию.
   My ispolsujem samuju peredowuju technologiju.

6 Мы уделяем большое внимание упаковке товара.
   My udeljajem bolschoje wnimanije upakowke towara.

7 Срок годности товара – 10 лет.
   Srok godnosti towara – desjat let.

8 Гарантийный срок этого аппарата – два года.
   Garantiny srok etowo apparata – dwa goda.

9 Годичный контракт может быть продлён.
   Goditschny kontrakt moshet byt prodljon.

10 Мы только что выпустили этот продукт, и он уже
   пользуется большим спросом.
   My tolko tschto wypustili etot produkt, i on ushe
   polsujetsja bolschim sprosom.

11 Срок годности указан на крышке бутылки.
   Srok godnosti ukasan na kryschke butylki.

12 Внешний вид изделия изменён, но оно остаётся
   по-прежнему надёжным.
   Wneschni wid isdelija ismenjon, no ono ostajotsja
   po-preshnemu nadjoshnym.

13 Мы не только продаём товары, но и предоставляем
   услуги.
   My ne tolko prodajom towary, no i predostawljajem uslugi.

14 Мы не выпускаем больше эту модель, но новая имеет
   сходные технические характеристики.
   My ne wypuskajem bolsche etu model, no nowaja imejet
   ßchodnyje technitscheskije charakteristiki.

15 Die beigefügte Information zählt die Vorteile auf, von denen der Kunde mit dem Erwerb des Artikels profitiert.

16 Eine solche Möglichkeit darf man sich nicht entgehen lassen.

17 Unsere Preise sind niedriger als die der Konkurrenz für Waren mit gleicher Qualität.

18 Das neue Modell kommt im Juli auf den Markt.

19 Dieses Modell hat eine bessere Qualität als das vorherige.

20 Den erforderlichen Artikel finden Sie in unserem Katalog auf Seite 6.

21 Dieses Modell ist weniger platzraubend.

22 Das ist sehr viel wirtschaftlicher.

23 Dieser Apparat hat einen geringen Stromverbrauch.

24 Seine Handhabung ist sehr einfach und absolut sicher.

25 Dieses Modell unterscheidet sich durch seine außergewöhnliche Einfachheit und Effektivität.

26 Wir haben die Verpackung unserer Produkte verändert.

27 Die Gebrauchsanleitung ist klar und verständlich formuliert.

28 Das ist unser führendes Produkt / unser Verkaufsschlager.

15 Сопроводительная справка перечисляет выгоды для
клиента при приобретении товара.
Soprovoditelnaja sprawka peretschisljajet wygody dlja
klijenta pri priobretenii tovara.

16 Такую возможность упустить нельзя.
Takuju wosmoshnost upustit nelsja.

17 Наши цены ниже, чем у конкурентов на товары такого же
качества.
Naschi zeny nishe, tschem u konkurentow na tovary takowo she
katschestwa.

18 Новая модель будет выпущена в июле.
Novaja model budet wypuschtschena w ijule.

19 По качеству эта модель лучше предыдущей.
Po katschestwu eta model lutschsche predyduschtschei.

20 Необходимое изделие вы найдёте на шестой странице
нашего каталога.
Neobchodimoje isdelije wy naidjote na schestoi stranize
naschewo kataloga.

21 Эта модель менее громоздка.
Eta model meneje gromosdka.

22 Это обходится на много экономичнее.
Eto obchoditsja na mnogo ekonomitschneje.

23 Этот аппарат потребляет немного электричества.
Etot apparat potrebljajet nemnogo elektritschestwa.

24 Обращение с ним очень просто и абсолютно безопасно.
Obraschtschenije s nim otschen prosto i absoljutno besopasno.

25 Эта модель отличается чрезвычайной простотой и
эффективностью.
Eta model otlitschajetsja tschreswytschainoi prostotoi i effektiwnostju.

26 Мы поменяли упаковку нашей продукции.
My pomenjali upakowku naschei produkzii.

27 Инструкция пользования написана ясно и понятно.
Instrukzija polsowanija napisana jasno i ponjatno.

28 Этот продукт – лидер продаж.
Etot produkt – lider prodash.

■ *Die Präsentation der Produkte*: выставка, показ продуктов. Mit показ (von показывать/показать *zeigen*), bildet man напоказ: **выставить напоказ** драгоценности: *kostbare Objekte ausstellen (zur Schau stellen)*.

■ *Der tertiäre Sektor*: третичный сектор, der Servicebereich, hat sich beachtlich entwickelt.

Zu den <u>traditionellen alltäglichen Serviceleistungen</u> kommen hinzu:

магазины *Geschäfte*, ремонт и пошив обуви: *Schuhreparatur*, ателье: *Modeatelier*, ремонт одежды: *Änderungsschneiderei*, прачечная: *Wäscherei*, химчистка: *chemische Reinigung*, глажение: *Bügeln*, парикмахерская: *Friseursalon*, салон красоты: *Schönheitssalon*, ремонт техники: *Reparatur technischer Geräte*, фотомастерские: *Fotostudios*, доставка на дом: *Lieferung frei Haus* ...

... es gibt, im weiteren Sinn, einen gewaltigen Bereich der <u>nicht unmittelbar konkrete Güter produzierenden Wirtschaft</u>:

коммунальное обслуживание: *öffentliche Dienste*, здравоохранение: *Gesundheitswesen*, развлечение и отдых: *Freizeit und Erholung*, издательство: *Verlagswesen*, образование: *Bildung*, правоохранительные органы: *Ordnungsdienste*, органы власти: *Machtorgane*, администрации: *Verwaltung*, комитеты: *Ausschüsse, Komitees*, ассоциации: *Verbände*, связь: *Internetverbindungen*, СМИ (Средства Массовой Информации): *Massenmedien*, транспорт: *Transportwesen*, банковские услуги: *Serviceleistungen der Bank*, консультационные услуги: *Beratungsstellen*, ритуальные услуги: *Ausrichtung von Zeremonien*, риелторские услуги: *Immobilienagenturen*, реклама: *Werbung*, кадровые агентства: *Berufsagenturen*, нотариальные услуги: *notarielle Dienste*, страхование: *Versicherungen*, юридические услуги: *juristische Dienste* ...

3 дизайн: художественное оформление: *Design, künstlerische Gestaltung*; выставочный дизайн: *Ausstellungsdesign*; дизайнер: *der Designer*.

4 отзыв: hier *die Meinung, das Echo, die Reaktion*. In russischen Geschäften kann man das sogenannte книга отзывов oder книга жалоб: *Beschwerdebuch* verlangen.

5 передовая технология: *die modernen Technologien. Modern, fortschrittlich* (oder *avantgardistisch*) übersetzt man mit dem Adjektiv передовой (von перед: *vor*). Neben технология findet man техника

in der Bedeutung *das Material, die Ausrüstung, Ausstattung* oder *die Technik* im weiteren Sinn; техника wird in der Regel im Singular gebraucht, kann aber gelegentlich im Plural auftreten. Z. B.: Все наши мастера в совершенстве владеют передовыми техниками мужских стрижек: *Alle unsere Friseurmeister beherrschen perfekt die modernen Techniken des Haarschnitts für Männer.*

7 Vorsicht! *Die Haltbarkeitsfrist* eines Produktes: срок годности. Für *das Verfallsdatum* gibt es auch срок давности.

9 год bildet zwei Adjektive: <u>годичный</u>: годичный контракт: *ein Jahresvertrag*, годичный отпуск: *der Jahresurlaub* und <u>годовой</u>: годовой доход: *das Jahreseinkommen* (aus einer allgemeineren, nicht deutlich bezeichneten Beschäftigung).

10 продукт: *das Produkt.* Im Plural продукты, kann gewissermaßen als Sammelbegriff *die Nahrungsmittel*: предметы питания bezeichnen. Um продукты zu charakterisieren, verwendet man die folgenden Adjektive: *essbare*: съестные, *Milch-*: молочные, *Fleisch-*: мясные, *Fisch-*: рыбные, *leicht verderbliche*: скоропортящиеся, *tiefgefrorene*: замороженные usw.

26 упаковка: *das Ver-, Einpacken* und *die Verpackung* als solche. Für Letzteres verwendet man auch den Begriff тара: Товар упаковывается в тару: *die Ware ist mit einer bestimmten Verpackung versehen.* Beachten Sie, dass тара auch im Russischen (wie im Deutschen) in der Bedeutung von Verpackungsgewicht gebraucht wird. <u>Verpackungsarten</u>: картонная коробка, банка стеклянная, пакет бумажный, пластмассовый контейнер, целлофановый мешок und без упаковки: *die unverpackte Ware.*

LITERATUR (EXKURS)

„Служить бы рад, прислуживаться тошно."
„Dienen will ich gerne, doch Unterwürfigkeit ist abscheulich"
Die berühmte Antwort von Tschazki (eine russische Version des Molièrschen Alceste) an Famusow in „Горе от ума": *Verstand schafft Leiden* (1824) von Gribojedow.

1 Wir kaufen en gros / im Großhandel.

2 Wir verkaufen einzeln / stückweise.

3 Die Begleichung der Rechnung erfolgt nur in bar.

4 Wir verkaufen nicht auf Kredit.

5 Wir schlagen einen größeren Umfang an Serviceleistungen vor.

6 Unser Verkauf erfolgt über einen Zwischenhändler.

7 Wir haben die komplette Palette dieser Artikel.

8 Die Verkaufsbedingungen stehen auf der Rückseite.

9 Sie können unsere Waren im Internet kaufen.

10 Ich verweise Sie direkt an den für den Verkauf verantwortlichen Mitarbeiter.

11 Hier sind unsere letzten Tarife.

12 Unser Verkaufsgewinn hat sich verdreifacht.

13 Sie können die für Sie wesentlichen Auskünfte in der Verkaufsabteilung bekommen.

5 ПОКУПКА И ПРОДАЖА

1 Мы покупаем оптом.
My pokupajem optom.

2 Мы продаём в розницу.
My prodajom w rosnizu.

3 Расчёт производится только наличными.
Rastschot proiswoditsja tolko nalitschnymi.

4 Мы не продаём в кредит.
My ne prodajom w kredit.

5 Мы предлагаем более обширный перечень услуг.
My predlagajem boleje obschirny peretschen uslug.

6 Мы ведём продажу через посредника.
My vedjom prodashu tscheres posrednika.

7 У нас имеется полная гамма этих изделий.
U nas imejetsja polnaja gamma etich isdeli.

8 Условия продажи указаны на обороте.
Uslowija prodashi ukasany na oborote.

9 Вы можете купить наши товары через Интернет.
Wy moshete kupit naschi towary tscheres Internet.

10 Я вас направлю непосредственно к ответственному за
продажи.
Ja was naprawlju neposredstwenno k otwetstwennomu sa prodashi.

11 Вот наши последние тарифы.
Wot naschi poslednije tarify.

12 Наша прибыль от продаж утроилась.
Nascha pribyl ot prodash utroilas.

13 Вы можете получить нужные вам справки в отделе
продаж.
Wy moshete polutschit nushnyje wam sprawki w otdele prodash.

14   Unsere Gewinne haben sich verringert.

15   Es ist uns gelungen, das frühere Preisniveau aufrechtzuerhalten.

16   Sie können die Bezahlung monatlich tätigen.

17   Kreditkarten werden akzeptiert.

18   Wir führen Leasing durch.

19   Schadhafte Artikel müssen aus dem Handel gezogen werden.

20   Die Auktion verlief lebhaft.

21   Während des Schlussverkaufs kann man Waren zu Schleuder-
preisen erwerben.

22   Die Artikel der Saison werden zum vollen Ladenpreis verkauft.

23   Muss ich eine Anzahlung leisten?

24   Das ist Ihre erste Bestellung bei uns, nicht wahr?

25   Diese Artikel können nicht umgetauscht werden.

26   Dieser Artikel ist billiger, allerdings ist auch die Haltbarkeit von
kurzer Dauer.

27   Unser Service wird Ihnen helfen, den Selbstkostenpreis auf ein
Minimum zu reduzieren.

14 Наши прибыли сократились.
Naschi pribyli sokratilis.

15 Нам удалось сохранить прежние цены.
Nam udalos sochranit preshnije zeny.

16 Вы можете производить оплату ежемесячно.
Wy moshete proiswodit oplatu jeshemesjatschno.

17 Принимаются банковские карточки.
Prinimajutsja bankowskije kartotschki.

18 Мы практикуем лизинг.
My praktikujem lising.

19 Дефектные товары должны быть изъяты из торговли.
Defeknyje towary dolshny byt isjaty is torgowli.

20 Аукцион прошёл оживлённо.
Aukzion proschol oshiwljonno.

21 В период распродаж можно приобрести товары по
бросовым ценам.
W period rasprodash moshno priobresti towary po brosowym zenam.

22 Товары по сезону идут за полную цену.
Towary po sesonu idut sa polnuju zenu.

23 Должен ли я внести задаток?
Dolshen li ja vnesti sadatok?

24 Это ваш первый заказ у нас, да?
Eto wasch perwy sakas u nas, da?

25 Эти изделия не подлежат обмену.
Eti isdelija ne podleshat obmenu.

26 Эта модель стоит дешевле, но и срок её службы короткий.
Eta model stoit deschewle, no i srok jejo slushby korotki.

27 Наша служба поможет вам свести к минимому
себестоимость.
Nascha slushba pomoshet wam svesti k minimomu sebestoimost.

1 **оптом и в розницу**: *im Großhandel und im Einzelhandel*; **торговать оптом**: *Großhandel betreiben*. Das Adjektiv: **оптовый**; *der Großhandelspreis*: **оптовая цена**; *der Großhändler*: **оптовик**.

2 **розница**: nicht zu verwechseln mit **разница**: *der Unterschied*; beide Wörter stehen in Verbindung zu **разный**: *verschieden, vielfältig*. Beachten Sie die Konstruktion mit dem Akkusativ: **продавать в розницу**. Das Adjektiv: **розничный**; **розничный торговец**: *der Einzelhändler*. Ein neues Wort für diesen Terminus ist der aus dem Englischen übernommene Begriff **ретайлер**.

7 **полная гамма**: *die ganze Palette*. Zu diesem Begriff s. auch **ценовая гамма**: *die Preisskala* ♦ **вина низшей ценовой гаммы**: *die Weine auf der unteren Stufe der Preisskala*.

13 **справка**: *die Auskunft*. **Я к вам за справкой**: *Ich wende mich an Sie, um eine Auskunft zu erhalten*. Merke: **справочное бюро**: *das Informationsbüro*, **справочник**: *das Handbuch, das Nachschlagebuch*.

15 **цена**: *der Preis*. Ableitungen:

  1 **ценовый** (**ценовой**, ist verbreiteter).
    Z.B.: **ценовая политика**: *die Preispolitik*, **ценовый сговор**: *die Preisabsprache*.

  2 **ценный**: *wertvoll, kostbar*. **Ценные бумаги(ц/б)**: *die Wertpapiere*. Unter soziokulturellem Aspekt: **ценности**: *die Werte*.

  3 **ценностный**: vom vorhergehenden Wort abgeleitet.
    Beispiel: **ценностный менеджмент**: die Behandlung ethischer Probleme auf höherer Ebene durch die Unternehmensleitung (Wertemanagement)

  4 **ценник**: *das Preisschild* (die einem Artikel beigefügte Karte mit Preisangabe).

  5 **расценка**: *Preis, Tarif* ♦ **расценка на грузовые перевозки**: *der Tarif für die Güterbeförderung*.

21 **распродажа**: *Aus-, Schlussverkauf*. Das Präfix **рас** betont hier die Aktion der Auflösung der Bestände von unverkauften Waren.

27 **себестоимость**: *Selbstkostenpreis*: gebildet mit dem Wort **стоимость**: *der Wert, der Preis* (das vorangestellte Reflexivpronomen zeigt die für die Herstellung des Produktes anfallenden Selbstkosten an). *Der Verkaufspreis*: **продажная цена**; *der Kaufpreis*: **покупная цена**.

НЕВИДИМАЯ ВНЕШНЯЯ ТОРГОВЛЯ
Der unsichtbare Aussenhandel

Невидимый экспорт/импорт: туризм и другие услуги, которые не регистрируются при пересечении границы: *Tourismus und andere Serviceleistungen, die beim Grenzübergang nicht registriert werden.*

1. **Туризм**: *Tourismus*
   – горные лыжи, туры в кредит, отдых дикарём[1]
   – программы отдыха в экологически чистых районах Приморья[2] (база отдыха „Кит[3]", в живописной бухте[4] за городом Находка)

2. **Транспорт грузов и пассажиров:**
   Waren- und Personentransport
   – авиагрузоперевозки, морские и железнодорожные перегрузки[5], автомобильные грузоперевозки и мультимодальные[6].
   – рассчитывают все этапы транспортировки: перевозки, перегрузы, складирование[7], вооружённая охрана[8] и сопровождение грузов.

3. **Страховые и кредитные операции:**
   Versicherungs- und Kreditgeschäfte
   Соглашение: Новое Агентство „АРБ – Кофас" будет формировать кредитные рейтинги заёмщиков[9] по методике и с участием международной группы Кофас (АРБ: Ассоциация Российских Банков).

4. **Сдача в аренду недвижимости за рубежом:**
   Vermietung und Verpachtung von Immobilien im Ausland
   Инвестиции в английскую недвижимость[10] представляются чрезвычайно заманчивыми[11]. Особенно перспективной для этих целей является столица Великобритании Лондон – один из крупнейших в мире деловых центров... К тому же, в Лондоне проживает многочисленная русская диаспора[12].

WORTSCHATZ

1 die „wilde, primitive" Erholung (wie z. B. Camping) • **2** Primorje: Region im äußersten Südosten Russlands am Japanischen Meer • **3** der Walfisch • **4** eine malerische Bucht • **5** Umschlag, Umladestelle • **6** multimodale Transporte • **7** Einlagerung • **8** bewaffnete Sicherheitskräfte • **9** Ermittlung der Kreditfähigkeit der Darlehensnehmer • **10** englische Immobilien • **11** verlockend • **12** die russische Diaspora.

1 Erlauben Sie mir mich vorzustellen.

2 Ich freue mich Sie kennenzulernen.

3 Man hat mir vor Kurzem dieses Gebiet anvertraut.

4 Ich vertrete meinen erkrankten Kollegen.

5 Unser Vertreter wird Sie besuchen, um bei Ihnen eine kostenlose Demonstration durchzuführen.

6 Im Erdgeschoß des Handelszentrums befindet sich ein Spielzimmer für Kinder.

7 Sie haben mir versprochen, diesen Artikel auf der Stirnseite des Regals zu platzieren.

8 Die Weinabteilung ist gleich vom Eingang aus zu sehen.

9 Unser Promoter-Team wird Ihnen helfen, jede beliebige Form einer Promotion-Aktion zu organisieren.

10 Ich freue mich, Ihnen unseren neuen Katalog vorstellen zu können.

1 Разрешите представиться.
Rasreschite predstawitsja.

2 Очень рад с вами познакомиться.
Otschen rad s wami posnakomitsja.

3 Мне недавно вверили эту территорию.
Mne nedavno wwerili etu territoriju.

4 Я заменяю заболевшего коллегу.
Ja samenjaju sabolewschewo kollegu.

5 Наш представитель посетит вас с тем, чтобы провести бесплатный показ.
Nasch predstawitel posetit was s tem, tschtoby prowesti besplatny pokas.

6 На первом этаже торгового центра расположена игровая комната для детей.
Na perwom etashe torgowowo zentra raspoloshena igrowaja komnata dlja detei.

7 Вы мне обещали поместить этот товар в торце стеллажа.
Wy mne obeschtschali pomestit etot towar w torze stellasha.

8 Винный отдел видно ещё со входа.
Winny otdel widno jeschtschjo so wchoda.

9 Наши группы промоутеров вам помогут организовать промо-акции любой формы.
Naschi gruppy promouterow wam pomogut organisowat promo-akzii ljuboi formy.

10 Я рада представить вам наш новый каталог.
Ja rada predstavit wam nasch novy katalog.

11 Unsere Liste enthält viele Neuheiten.

12 Diesen Artikel haben wir soeben erst auf den Markt gebracht.

13 Wir haben das beste Preis-Leistungs-Verhältnis.

14 Dieses Modell verkauft sich mit großem Erfolg.

15 Die Erledigung der Formalitäten für eine Bestellung ist jetzt viel einfacher.

16 Je mehr Sie auf einmal kaufen, desto billiger wird der Preis.

17 Sollten Sie mit der Qualität der Ware nicht zufrieden sein, können Sie sie zurückgeben oder umtauschen.

18 Die Bestellungen führen wir immer zum vereinbarten Datum aus.

19 Wir führen Serviceleistungen nach dem Verkauf durch.

20 Für ergänzende Informationen wenden Sie sich bitte an Ihren Regionalleiter.

11 В нашем перечне много новинок.
W naschem peretschne mnogo nowinok.

12 Мы только что выпустили это изделие в продажу.
My tolko tschto vypustili eto isdelije w prodashu.

13 У нас наилучшее соотношение цена-качество.
U nas nailutscheje sootnoschenije zena-katschestwo.

14 Эта модель продаётся успешно.
Eta model prodajotsja uspeschno.

15 Оформление заказа стало гораздо проще.
Oformlenije sakasa stalo gorasdo proschtsche.

16 Чем больше вы купите за один раз, тем дешевле вам это обойдётся.
Tschem bolsche wy kupite sa odin ras, tem deschewle wam eto oboidjotsja.

17 Если вы не удовлетворены качеством товара, вы можете его вернуть или обменять.
Jesli wy ne udowletwloreny katschestwom towara, vy moshete jewo wernut ili obmenjat.

18 Заказы мы выполняем всегда к указанной дате.
Sakasy my wypolnjajem wsegda k ukasannoi date.

19 Мы осуществляем послепродажное обслуживание.
My osuschtschestwljajem posleprodashnoje obslushiwanije.

20 За дополнительной информацией обращайтесь к вашему региональному дилеру.
Sa dopolnitelnoi informazijei obraschtschaites k waschemu regionalnomu dileru.

1 geläufige Formulierung, um sich vorzustellen.

2 oder aber **о́**чень прия́тно (с ва́ми познако́миться).

4 колле́га *der Kollege, die Kollegin:* Substantiv mit Endung auf <u>a</u>, es kann sowohl maskulin als auch feminin sein.

5 neben что́бы: *um, um zu* gibt es auch с тем, что́бы und для того́, что́бы.

6 на пе́рвом этаже́: Vorsicht! Es handelt sich um das *Erdgeschoß* und nicht um den *ersten Stock*; dieser wird als второ́й эта́ж, *der zweite Stock* übersetzt, dieser wiederum ist тре́тий эта́ж usw.

7 в торце́ стелла́жа, wörtlich *an der Stirnseite des Regals.*

8 ви́дно: Wir haben hier eine unpersönliche Redewendung. Das Adjektiv Neutrum ви́дно: *sichtbar* hat verbale Funktion, was die Konstruktion mit dem Akkusativ nach sich zieht: ви́нный отде́л (ви́нный von вино́: *der Wein*).

9 промоутер (aus dem Englischen *promoter*): ein sehr breit verwendeter Begriff, der die Personen bezeichnet, die eine Tätigkeit im Bereich Verkaufswerbung, Promotion ausüben.

11 новино́к: Genitiv Plural von нови́нка: *die Neuheit*. Beachten Sie den flüchtigen Vokal <u>o</u> und den Wegfall des Verbs sein (in der Regel im Präsens).

15 1 оформле́ние зака́за: *Erledigung der Bestellformalitäten*; оформле́ние ist das von dem Verb офо́рмить gebildete Substantiv; dieses Verb hat mehrere Bedeutungen: *ausstellen* (ein Dokument), *Formulare ausfüllen, installieren* (eine Vitrine), *beantragen* (einen Urlaub) usw.

2 про́ще: *einfacher:* Komparativ des Adjektivs просто́й (-ая, -ое). Beachten Sie den Konsonantenwechsel (ст → щ).

16 чем бо́льше..., тем деше́вле (Schriftsprache: je mehr ... desto billiger). Der Vergleich zweier Handlungen, die in einer Wechselbeziehung zueinander stehen, wird im Russischen durch die Konstruktion чем + Komparativ (hier бо́льше, Komparativ von мно́го)..., тем + Komparativ (hier деше́вле Komparativ von дёшево) wiedergegeben. Beachten Sie, dass чем und тем die Formen des Instrumentals von что und то sind.

20 ди́лер (= дистрибью́тер) *der Vertreter, Vertreiber*. Seit dem Übergang zur Marktwirtschaft sind überaus viele Fremdwörter in das Russische eingedrungen, so dass die Duma vor kurzem ein Gesetz verabschiedet hat, das deren Benutzung in den offiziellen Dokumenten und in der Öffentlichkeit immer dann untersagt, wenn das Russische über eine eigene Entsprechung dafür verfügt.

PRAKTISCHER TEIL
BEGRÜSSUNG UND HÖFLICHE REDEWENDUNGEN

Guten Tag!	Добрый день! (*am Tag*)
	Доброе утро! (*morgens*)
	Здравствуй! (*Duzen*)
	Здравствуйте! (*Siezen*)
Hallo (guten Tag)!	Привет!
Wie geht es Ihnen/Euch?	Как вы поживаете?
Wie geht's?	Как дела?
(wörtlich: *Wie stehen die Angelegenheiten?*)	
Wie fühlen Sie sich?	Как вы себя чувствуете?
(Sehr) gut	(Очень) хорошо
Es geht so	Так себе
Guten Abend!	Добрый вечер!
Gute Nacht!	Спокойной ночи!
Auf Wiedersehen!	До свидания!
Bis morgen!	До завтра!
Lebe/leben Sie/lebt wohl!	Прощай! / Прощайте!
Hallo! Tschüß!	Привет! Пока! (sehr verbreitet)
Bis bald! Bis zum nächsten Mal!	До скорого! До встречи!
Gute Reise!	Счастливого пути!
Alles Gute!	Всего хорошего!
Entschuldigen Sie die Störung.	Извините за беспокойство.
Das macht nichts.	Ничего.*
Vielen Dank	Большое спасибо
Bitte.	Пожалуйста!
Ich danke Ihnen für Ihre Gastfreundlichkeit.	Благодарю за гостеприимство.
Keine Ursache!	Не за что!

* Je nach Intonation kann der in der Konversation sehr verbreitete und beliebte Ausdruck ничего unterschiedliche Bedeutungen haben: er kann ausweichend sein oder Zustimmung, Missbilligung, Erstaunen usw. ausdrücken.

1 Nehmen Sie an unserem Spielwettbewerb teil und gewinnen Sie!

2 Wir werben im Fernsehen und im Radio.

3 Wir nehmen die Gelegenheit, unser Image auf dem Markt aufzubauen, wahr.

4 Wir haben mit unseren Waren bei der Jugend wie auch bei jungen Frauen und Männern großen Erfolg.

5 Wir bauen auf Mundpropaganda.

6 Unsere Werbekampagne hatte großen Erfolg.

7 Wir konnten diese veraltete Marke vollkommen erneuern.

8 Wir bieten Ihnen ein kostenloses Abonnement an.

9 Sie wissen, was die Presse über uns schreibt.

10 Wir gehören zu den großen Firmen.

11 Unsere Marke kennt man in der ganzen Welt.

12 Dieser Artikel wird zu Werbezwecken billiger verkauft.

7 РЕКЛАМА

1 Участвуйте в нашей игре-конкурсе и выигрывайте!
Utschastwuite w naschei igre-konkurse i wyigrywaite!

2 Мы рекламируем по телевидению и по радио.
My reklamirujem po televideniju i po radio.

3 Мы используем возможность раскрутить наш имидж.
My ispolsujem wosmoshnost raskrutit nasch imidsh.

4 Наши товары пользуются большим успехом у подростков и молодёжи.
Naschi towary polsujutsja bolschim uspechom u podrostkow i molodjoshi.

5 Мы рассчитываем на информацию из уст в уста.
My rasstschitywajem na informaziju is ust w usta.

6 Наша рекламная кампания имела большой успех.
Nascha reklamnaja kampanija imela bolschoi uspech.

7 Мы сумели полностью обновить этот устаревший бренд.
My sumeli polnostju obnowit etot ustarewschi brend.

8 Мы вам предлагаем бесплатный абонемент.
My wam predlagajem besplatny abonement.

9 Вы знаете, что пишут о нас в прессе.
Wy snajete, tschto pischut o nas w presse.

10 Мы числимся среди крупных фирм.
My tschislimsja sredi krupnych firm.

11 Нашу марку знает весь мир.
Naschu marku znajet wes mir.

12 Это изделие продаётся дешевле в рекламных целях.
Eto isdelije prodajotsja deschewle w reklamnych zeljach.

13 Während der Werbekampagne gibt es einen Preisnachlass von 5%.

14 Für jeden Kauf ab einem Wert über 10 Rubel geben wir ein Geschenk.

15 Wir beabsichtigen, diese Flugscheine zu Billigpreisen anzubieten.

16 Sie können zu einem niedrigen Preis kaufen, wenn Sie jetzt bestellen.

17 Wir haben einen Preis in Höhe von X Dollars erhalten.

18 Bei uns ist heute Tag der offenen Tür.

19 Haben Sie unsere letzten Werbeanzeigen beachtet?

20 Wir bieten Ihnen zwei Artikel zum Preis von einem an.

21 Wir feiern heute unser zwanzigjähriges Jubiläum.

22 Diese Modelle werden in unseren Ausstellungsräumen präsentiert.

13 Во время рекламной кампании делается скидка в 5%.
Wo wremja reklamnoi kampanii delajetsja skitka w pjat prozentow.

14 За каждую покупку, превышающую Х рублей, делается
подарок.
Za kashduju pokupku, prewyschajuschtschuju X rublei, delajetsja podarok.

15 Мы намерены предлагать эти авиабилеты по бросовым
ценам.
My namereny predlagat eti awiabilety po brosowym zenam.

16 Вы сможете купить по низкой цене, если сделаете заказ
теперь.
Wy smoshete kupit po niskoi zene, jesli sdelajete sakas teper.

17 Мы получили приз в сумме Х долларов.
My polutschili pris w summe X dollarow.

18 Сегодня у нас день открытых дверей.
Sewodnja u nas den otkrytych dwerei.

19 Обратили ли вы внимание на наши последние рекламные
объявления?
Obratili li wy wnimanije na naschi poslednije reklamnyje objawlenija?

20 Мы вам предлагаем два изделия по цене одного.
My wam predlagajem dwa isdelija po zene odnowo.

21 Сегодня мы празднуем наше двадцатилетие.
Sewodnja my prasdnujem nasche dvadzatiletije.

22 Эти модели представлены в наших выставочных залах.
Eti modeli predstawleny w naschich wystawotschnych salach.

3 1 раскрутить: dieses Verb wird aus dem Präfix рас<раз, das eine intensive in alle Richtungen gehende Tätigkeit bezeichnet, und dem Verb крутить: *drehen* gebildet, es bedeutet *durchführen, ein neues Produkt oder eine neue Idee in Umlauf bringen*. Beispiel: Новый бренд будет раскручиваться известной актрисой: *Die neue Marke wird von einer bekannten Schauspielerin eingeführt werden*.

2 имидж: *das Markenimage*. Russland möchte in das System des internationalen Handels eingehen, somit sind viele die Öffentlichkeit betreffende Begriffe Lehnwörter aus dem Englischen und manchmal aus dem Französischen: Beispiel: паблисити: *Publicity*.

паблик рилейшнс: *Public Relations* (auszusprechen [pi ar]) ist zu einem allgemein üblichen Begriff geworden, der mit anderen Termini verbunden wird. Z. B.: заказать пи ар кампанию: *eine PR-Kampagne ordern*.

конкурс: *der Konkurs*, демонстрация: *die Demonstration*, промоутер: *der Promoter*, дегустация: *die Degustation*, копирайтер: *der Werbetexter*, презентация: *die Präsentation*, спонсоринг: *das Sponsoring*.

7 бренд (брэнд), aus dem Englischen *brand* (*die Marke*). Im Dezember 2006 berichtete die Presse über eine neue Wodka-Marke: Imperia. Sie wurde durch den Konzern Russki Standart von dem an seiner Spitze stehenden Geschäftsmann Rustam Tariko eingeführt, auf den auch der Slogan zurückgeht: „Ein guter Wodka ist zwangsläufig ein russischer". Auf diese Weise disqualifizierte er seine großen Konkurrenten in einem der lukrativsten Geschäftsbereiche der Welt: den schwedischen Absolut, die Marken von Pernod Ricard (Wyborowa und Zubrowka), aber auch die, die neu auf den Markt gekommen sind. Rustam Tariko, dessen Karriere mit dem Vertrieb von *Schokoladeneiern* begann, hatte 1992 die Firma Rust Inc. gegründet. 1999 gründet er die Bank Russkij Standart, die sich auf das Geschäft mit dem Wodka stützt. 2006 erringt er einen glänzenden Sieg, als er vom Patentamt Rospatent „die Anerkennung des allgemeinen Bekanntheitsgrades auf dem russischen Territorium" der Handelsmarke seines Wodkas „Russki standart" erhält. Das ist das Ergebnis eines langen Kampfes, den er gegen die Firma Stolitschnaja (zur Sowjetzeit sehr bekannt) geführt hatte, die alleine die Bezeichnung „russischer Wodka" für sich geltend machen durfte.

конгломерат: *das Konglomerat*

шоколадные яйца: *Schokoladeneier* (яйцо, Pl. яйца, яиц, яйцам).

Роспатент признал знак „Русский стандарт общеизвестным на территории России": *Rospatent hat den allgemeinen Bekanntheitsgrad von Russki Standart auf dem Territorium Russlands anerkannt.*

8 бесплатный: *gratis*, gebildet aus <u>без</u> *ohne* und платный *zahlend*. Bei der Präposition <u>без</u> findet der Lautwechsel von <u>з</u> zu <u>с</u> vor einem stimmlosen Konsonanten statt: бесстыдный: *schamlos*, бестактный: *taktlos*, бесшумный: *geräuschlos*; vor einem Vokal oder einem stimmhaften Konsonanten aber bleibt das <u>з</u> erhalten: безопасный: *gefahrlos*, бездонный: *bodenlos*.

15 по бросовым ценам: *zu Dumpingpreisen* (beachten Sie die Konstruktion <u>по</u> + <u>Dativ</u> für die Preise). Das Adjektiv бросовый kommt von dem Verb бросить: *werfen*, und hat in anderen Kontexten die Bedeutung von *zu nichts zu gebrauchen, wertlos*.
Beispiel: бросовый товар: *Wegwerfware, Schleuderartikel.*

16 по низкой цене: *zu einem niedrigen Preis*

18 сегодня у нас день...: wörtlich: *heute ist bei uns der Tag* ... Diese Besonderheit der russischen Sprache beinhaltet, dass *haben* <u>im Präsens</u> durch die 3. Person Singular des Verbs *sein*, есть, ausgedrückt wird; oft fällt es weg, so wie hier. У меня, у тебя, у него, у неё, у них... (есть) пригласительный билет: *Ich habe, du hast, er hat, sie hat, sie haben eine schriftliche Einladung.* <u>Im Präteritum</u>: Übereistimmung von Genus und Numerus der Form des Präteritums von быть mit dem zu besitzenden Objekt: вчера у вас была первая распродажа: *gestern hatten Sie den ersten Ausverkauf.* <u>Im Futur</u>: Übereinstimmung des Numerus bei der Form des Futurs von быть mit dem zu besitzenden Objekt: завтра, у него будет каталог: *morgen wird er den Katalog haben.*

20 по цене одного: *zum Preis von einem.* Beachten Sie den Akzentwechsel bei цена, im Akkusativ Singular auf der ersten Silbe (цену) wie auch in allen Kasus im Plural.

1 Es gibt Unternehmen, die ihre Waren ausschließlich im Internet vertreiben.

2 Nach dem Betreten der virtuellen Galerie kann man, ohne seinen Computerplatz verlassen zu müssen, die Produkte in der Anwendung testen.

3 Der angehende Internaut betrachtet das Modell aufmerksam, indem er es im dreidimensionalen Raum nach allen Seiten dreht.

4 Mit einem Mausklick gelangt der Kunde auf die Homepage.

5 Meistens muss sich der Kunde erst registrieren, bevor er die Ware bestellt.

6 Er muss Informationen über sich eingeben und die Registrierung bestätigen.

7 Zur Identifizierung erhält er einen Eingangscode (Login) und ein Passwort.

8 Bei dem Artikel befindet sich ein Button „In den Warenkorb legen".

9 Für jede Zahlungsform wird ein detailliertes System mit schrittweisen Anleitungen angeboten.

10 Es werden spezielle Schutzmaßnahmen und Chiffrierungen angewendet.

1 Есть предприятия, которые сбывают свои товары
исключительно через Интернет.
Jest predprijatija, kotoryje sbywajut swoi towary
iskljutschitelno tscheres internet.

2 Зайдя в виртуальную галерею, можно, не отходя от
компьютера, опробовать продукты в работе.
Saidja w wirtualnuju galereju, moshno, ne otchodja ot
kompjutera, oprobowat produkty w rabote.

3 Начинающий интернавт рассматривает модель
внимательно, вращая её в трёхмерном пространстве.
Natschinajuschtschi internawt rassmatriwajet model
wnimatelno, wraschtschaja jejo w trjochmernom prostranstwe.

4 Одним щелчком мыши клиент попадает на главную
страницу сайта.
Odnim schtscheltschkom myschi klijent popadajet na glawnuju
stranizu sajta.

5 Прежде чем заказать товар, клиент обычно должен
зарегистрироваться.
Preshde tschem sakasat towar, klijent obytschno dolshen
saregistrirowatsja.

6 Он должен внести информацию о себе и подтвердить
регистрацию.
On dolshen vnesti informaziju o sebe i podtwerdit registraziju.

7 Для идентификации ему присвоено условное имя (login)
и пароль.
Dlja identifikazii jemu priswojeno uslownoje imja (login) i parol.

8 Напротив продукта размещается кнопка «добавить в
корзину».
Naprotiw produkta rasmeschtschajetsja knopka „dobawit w korzinu".

9 Для каждой формы оплаты предлагается система
подробных пошаговых инструкций.
Dlja kashdoi formy oplaty predlagajetsja sistema
podrobnych poschagowych instrukzii.

10 Применяются специальные меры защиты и шифрования.
Primenjajutsja spezialnyje mery saschtschity i schifrowanija.

11 Auf die bekannte Auktionsseite im Internet eBay werden täglich einige Millionen verschiedener Waren zum Verkauf eingestellt.

12 Manche Vereins-Gesellschaften verwandelten sich aus kleinen Klubs und Vereinen in große globale einflussreiche Vereinigungen.

13 Es ist notwendig, bedeutende gebührenpflichtige Verbindungen zu erwerben.

14 Versicherungsgesellschaften schenken der Gewinnung und Betreuung von Stammkunden besondere Aufmerksamkeit.

15 Die sogenannte „Klassifizierung der Besucher gemäß deren Loyalität und Treue" ist in Bearbeitung.

16 Bei der Förderung ihrer Produkte nutzen die Gesellschaften das Virus-Marketing (zum Beispiel die Übermittlung durch „Mundpropaganda").

17 Unter Online-Phishing versteht man den Betrug durch das Klonen von tatsächlich existierenden Internetseiten im Bereich des elektronischen Handels.

11 На известном интернет-аукционе e-Bay ежедневно
выставляются на продажу несколько миллионов
различных товаров.
Na iswestnom internet-aukzione e-Bay jeshednewno
wystawljajutsja na prodashu neskolko millionow
raslitschnych towarow.

12 Иные тематические сообщества превратились из
небольших клубов в крупные глобальные влиятельные
объединения.
Inyje tematitscheskije soobschtschestwa prewratilis is
nebolschich klubow w krupnyje globalnyje wlijatelnyje
objedinenija.

13 Необходимо приобрести высокоавторитетные платные
ссылки.
Neobchodimo priobresti wysokoawtoritetnyje platnyje ssylki .

14 В страховых компаниях большое внимание уделяется
вопросам фиделизации клиентов.
W strachowych kompanijach bolschoje wnimanije udeljajetsja
woprosam fidelisazii klijentow.

15 Обрабатывается т. н. «классификация посетителей по
степени лояльности и приверженности».
Obrabatywajetsja tak nasywajemaja „klassifikazija posetitelei po
stepeni lojalnosti i priwershennosti".

16 В продвижении своих продуктов компания использует
вирусный маркетинг (например: передача «из уст в уста»).
W prodwishenii swoich produktow kompanija ispolsujet
wirusny marketing (naprimer: peredatscha „is ust w usta").

17 Под онлайн-фишингом подразумевается мошенничество с
клонированием реальных сайтов электронной коммерции.
Pod onlain-fischingom podrasumewajetsja moschennitschestwo s
klonirowanijem realnych saitow elektronnoi kommerzii.

1 Man unterscheidet allgemein zwischen den Unternehmen, die ausschließlich im Internet arbeiten, die *„pure players"* (z. B. Amazon) und den Unternehmen, die weiterhin direkt an die Verbraucher verkaufen, wobei sie gleichfalls am Online-Handel teilnehmen; man nennt sie *„Clicks & Mortar"*, russisch щелчок-и-бетон (z. B. Versandhandel, die FNAC).

2 Зайдя: Adverbialpartizip Präsens perfektiv. Der Besucher ist schon in die Galerie eingetreten. Dieser Form steht не отходя gegenüber; hier zeigt der imperfektive Aspekt die Dauer an, während der der Arbeitsplatz nicht verlassen wird.

4 der *Klick*: щелчок, vom Verb щёлкать/щёлкнуть: *klicken, mit den Fingern schnippen*. Es gibt auch das Verbpaar кликать/кликнуть und клик (< aus dem Englischen „click"). Wenn man sagen will *mit einem einzigen Klick*, so hat man dafür одним кликом мыши (Genitiv von мышь) oder мышкой (Instrumental von мышка, gewöhnlich wird der Diminutiv für dieses sagenhafte Objekt benutzt). Merke: die ursprüngliche Bedeutung im Russischen von кликнуть: *einen Appell an jemanden richten*.

11 eBay, bekannte Auktions-Website, gehört zu dem Modell B2C (s. die Tabelle auf der nächsten Seite).

13 Die Felder mit den Verweisen sind besonders wichtig für die Ansicht der Handels-Websites. *Der Verweis, Link* ссылка, der sich in den speziellen *Verzeichnissen*: справочники und auf den Ergebnislisten *der Suchmaschinen*: поисковики befindet, ist unentbehrlich. Er ist kostenpflichtig und seine Effektivität hängt von der Anzahl der akzeptierten *Schlüsselwörter*: ключевые слова, von der *Anordnung*: ранжирование auf den Ergebnislisten der Suchmaschinen und von dem Einfluss der genannten Suchmaschinen im Internet ab.

14 Mit dem nunmehr russischen Wort фиделизация haben sich zunächst die Versicherungsgesellschaften vertraut gemacht. Es zeigt die Tendenz, sich weiter zu verbreiten und konkurriert mit dem russischen Wort верность. Wieder aufgenommen wird auch лояльность: *die Loyalität* gleich wie der eindeutigere Terminus приверженность: *Treue, Ergebenheit* (Satz 15).

16 „из уст в уста" (wörtlich *von Mund zu Mund*), ein Ausdruck, dem die Russen treu bleiben. Im Internet, sogar virtuell, ist die Verschmutzung (durch Spamflut u. Ä.) ein gewaltiges Mittel der öffentlichen Reklame, daher der Gebrauch eines Ausdrucks wie *Viren-Kampagne*: виральная кампания. Zu vergleichen mit dem schönen klassischen Bild „сарафанное радио", *das Radio, das Gemunkel im Sarafan (Sarafan: russisches traditionelles Kleid)*.

- B2A (business-to-administration) бизнес/администрация
  Сделки между компаниями и правительственными организациями: *Transaktionen zwischen Gesellschaften und Regierungsorganisationen.*
- B2B (business-to-business) бизнес для бизнеса
  Модель объединяет компании межкорпоративного рынка: *Das Modell vereinigt die Gesellschaften des allen Berufen gemeinsamen Marktes.*
- B2C (business-to-consumer) бизнес для потребителя
  Компания продаёт товары или оказывает услуги физическим лицам: *Die Gesellschaft verkauft die Waren oder erbringt für physische Personen Serviceleistungen.*
- B2G (business-to-government) бизнес правительству
  Система электронных госзакупок: *Das Online-Verkaufssystem des Staates.*
- C2A (consumer-to-administr.) потребитель/администрация
  Физические лица и государственные службы: *Physische Personen und staatliche Dienste.*
- C2B (consumer-to-business) потребитель бизнесу
  Обработка ценовых заявок, по которым потребители хотели бы приобрести товары и услуги: *Ausarbeitung von Preisvorschlägen, gemäß derer die Verbraucher Waren und Dienstleistungen erhalten möchten.*
- C2C (consumer-to-consumer) потребитель для потребителя
  Взаимодействие между большим количеством физических потребителей: *Interaktion zwischen einer großen Zahl von Verbrauchern (physischen Personen).*
- G2C (govern.-to-consumer) правительство/потребитель
  Свободный доступ граждан ко всей необходимой государственной информации: *Freier Zugang der Bürger zu jeder notwendigen Information seitens des Staates.*
- G2G (govern.-to-govern.) правительство/правительство
  Концепция электронного правительства. Электронный документ не является просто копией бумажного: это первичный, т.е. главный документ: *Die Konzeption einer elektronischen Regierung. Das elektronische Dokument ist nicht einfach die Kopie der Vorlage auf Papier: es ist das primäre, also das Hauptdokument.*

1 Wir werden die Demonstration des Gerätes an unserem Stand durchführen.

2 Unser Stand befindet sich beim Haupteingang.

3 Die Ausstellung wird am 26. März geöffnet und dauert bis zum 28. April.

4 Dieser Eingang ist ausschließlich für die Aussteller.

5 Es stehen Ihnen Prospekte, ein Katalog und technische Beschreibungen der Exponate zur Verfügung.

6 Mit diesem Abzeichen / Button haben Sie freien Eintritt.

7 Die Ausstellung findet alle zwei Jahre statt.

8 Der Runde Tisch findet im Konferenzsaal statt.

9 Wir haben viele Anfragen nach zusätzlichen Informationen erhalten.

10 Wir mieten jedes Jahr einen Stand auf der Handelsmesse.

1 Мы проводим демонстрацию прибора на нашем стенде.
My prowodim demonstraziju pribora na naschem stende.

2 Наш стенд находится у главного входа.
Nasch stend nachoditsja u glawnowo wchoda.

3 Выставка открывается двадцать шестого марта и будет
открыта до двадцать восьмого апреля.
Wystawka otkrywajetsja dwadzat schestowo marta i budet
otkryta do dwadzat wosmowo aprelja.

4 Этот вход исключительно для участников.
Etot wchod iskljutschitelno dlja utschastnikow.

5 В вашем распоряжении имеются проспекты, каталог и
технические описания экспонатов.
W waschem rasporjashenii imejutsja prospekty, katalog i
technitscheskije opisanija exponatow.

6 Имея при себе этот значок, вы сможете войти бесплатно.
Imeja pri sebe etot snatschok, wy smoshete woiti besplatno.

7 Выставка проводится каждые два года.
Vystawka prowoditsja kashdyje dwa goda.

8 Круглый стол состоится в конференц-зале.
Krugly stol sostoitsja w konferenz-sale.

9 Мы получили много запросов о предоставлении
дополнительной информации.
My polutschili mnogo saprosow o predostawlenii
dopolnitelnoi informazii.

10 Каждый год, мы арендуем стенд на коммерческой
ярмарке.
Kashdy god, my arendujem stend na kommertscheskoi jarmarke.

11 Haben Sie einen Plan und eine Liste der Messeaussteller?

12 Möchten Sie einen Platz im Innenbereich oder draußen im Freien?

13 Die Ausstellung findet im Herbst statt.

14 Der erste Tag ist für die Fachleute und die Presse bestimmt.

15 Unsere Mitarbeiter werden die Besucher von 10 Uhr an begrüßen.

16 Ihr Abzeichen / Den Button und die Eintrittskarte erhalten Sie am Empfang / an der Rezeption.

17 Unsere Prospekte gibt es in englischer, spanischer und deutscher Sprache.

18 Unsere Produktion wird auf der Messe in Jekaterinburg präsentiert.

19 An dieser internationalen Ausstellung / Messe nehmen Aussteller aus 40 Ländern teil.

11 Имеете ли вы план и список участников выставки?
Imejete li wy plan i spisok utschastnikow wystawki?

12 Хотите ли вы место внутри или на открытом воздухе?
Chotite li wy mesto wnutri ili na otkrytom wosduche?

13 Выставка состоится осенью.
Vystawka sostoitsja osenju.

14 Первый день предусмотрен для специалистов и прессы.
Pervy den predusmotren dlja spezialistow i pressy.

15 С десяти часов наши сотрудницы будут встречать
посетителей.
S desjati tschasow naschi sotrudnizy budut wstretschat posetitelei.

16 Ваш значок и входной билет вы сможете получить на
ресепшене.
Wasch snatschok i wchodnoi bilet wy smoshete polutschit na
resepschene.

17 Наши проспекты имеются на английском, испанском и
немецком языках.
Naschi prospekty imejutsja na angliskom, ispanskom i
nemezkom jasykach.

18 Наша продукция будет представлена на ярмарке
в Екатеринбурге.
Nascha produkzija budet predstawlena na jarmarke w Jekaterinburge.

19 Экспоненты из сорока стран принимают участие в этой
международной выставке.
Exponenty is soroka stran prinimajut utschastije w etoi
meshdunarodnoi vystawke.

3 1 вы́ставка: *die Ausstellung* und вы́ставка-я́рмарка: *die Messeaus-
stellung*. Manchmal wird bevorzugt вы́ставка als *Salon* übersetzt.
Das Wort сало́н gibt es im Russischen, es steht jedoch vielmehr für
die Verkaufsausstellungen spezieller Geschäfte, vor allem im Bereich
von Produkten des Handwerks, der Volkskunst: сало́н изде́лий
наро́дных про́мыслов.

2 Вы́ставка открыва́ется <u>два́дцать шесто́го ма́рта</u>: *Die Ausstellung eröffnet am 26. März*. Bei der Angabe des <u>Datums</u> stehen als
Antwort auf die Frage „когда́?", wie es hier der Fall ist, im Russischen die Ordinalzahlen, um anzuzeigen, um den wievielten Tag
des Monats es sich handelt; er steht ebenso wie der Monatsname im
Genitiv (auch das Jahr, falls es angeführt wird).

<u>до</u> <u>два́дцать седьмо́го апре́ля</u>: *bis zum 27. April*. Die Präposition
bis (zum) vor dem Datum ist <u>до</u> und steht mit dem Genitiv.

Um zu sagen „in dem Monat", gebraucht man в mit dem Lokativ,
also *im Januar*: в январе́, *im Mai*: в ма́е usw.

13 Die Jahreszeiten: о́сенью: *im Herbst*. Man benutzt den Instrumental
um zu sagen „in dieser Jahreszeit". In Verbindung mit einem Demons-
trativpronomen oder einem Adjektiv steht die gesamte Wortkombi-
nation im selben Kasus: по́здней зимо́й: *im späten Winter*, ра́нней
весно́й: *im frühen Frühjahr*, э́тим ле́том: *in diesem Sommer*.

17 проспе́кт: *Broschüre, Prospekt*. Dieses Wort, das sehr oft auf Messen
oder bei Ausstellungen verwendet wird, hat auch andere Bedeutungen,
insbesondere eine *abstrakte* (ein kurzes Résumé eines Artikels oder eines
Werkes) und die einer *langen, geraden Straße (Perspektive)*. Z.B.: Не́вский
проспе́кт: *der Newski Prospekt* (berühmte Straße in Sankt Petersburg).

18 проду́кция: *die Produktion*. Einige Begriffe, die im Deutschen im Plural
stehen, werden im Russischen im Singular übersetzt. Indessen muss man
darauf hinweisen, dass auch im Russischen seit einigen Jahren eine Tendenz zu „Auffälligkeiten" bei solchen Begriffen besteht, die bislang als
Sammelbegriff auftraten. So begegnet man: до́ступ к информа́циям:
der Zugang zu Informationen, к проду́кциям винзаво́дов проявля́ют
осо́бый интере́с: *für die Produktionen der Weinkeltereien ...*

19 экспоне́нт: *der Aussteller* (*eine Person* oder *Organisation, die ausstellt*);
экспона́т: *das Exponat, Ausstellungsstück* (auf einer Messe oder in einem
Museum); эспони́ровать: *ausstellen* (ein Ausstellungsstück an einem
Stand); экспони́ровать но́вые арти́кулы: *neue Artikel ausstellen*.

Экспозиция ist nicht angemessen für die Messeausstellungen, entspricht aber beispielsweise der Anordnung von Objekten in einem Museumsraum.

In der Literatur kann es sich, wie in der Musik, um die *Exposition* eines Themas handeln. Bei der Fotografie spricht man von der mehr oder weniger langen *Dauer* der *Belichtung* (время экспозиции). Seit 1991 haben sich künstlerische Ausstellungen in Russland entwickelt. So hat beispielsweise im Frühjahr 2006 die Presse von einer großen Fotoausstellung in Moskau berichtet. In der russischen Hauptstadt findet seit 1996 die Biennale der Fotografie statt (530.000 Besucher wurden für die 5. Ausgabe registriert und diese Zahl nimmt ständig zu). Im Jahr 2006 feierte die Ausstellung auch den 50. Todestag von Alexander Rodtschenko, dem Anführer der Gruppe der Konstruktivisten. Zur selben Zeit schrieb die Presse auch über die 3. Ausgabe der Moskauer Messe, die in der Manege stattfand: *Galeristen* (галеристы), *Juweliere* (ювелиры), *Antiquitätenhändler* (антиквары) aus Ost und West haben sich hier getroffen. Man zählte dort 40% russische Aussteller. Die Presse bemerkte ebenfalls, dass man einen Monat vor dieser Moskauer Messe am Honig-Salon in der russischen Hauptstadt teilgenommen hatte.

Всероссийская ярмарка мёда и продуктов пчеловодства: *Nationale Messe* (wörtlich: *von ganz Russland*) *für Honig und die Produkte der Bienenzucht.*

Александр Михайлович Родченко (1891–1956)

Künstlerischer Darsteller, Spezialist für Fotomontage, Autor, seit Beginn der 20er Jahre Gestaltung von Bucheinbänden, berühmt gewordener Plakate, er arbeitete ebenfalls für den Film und für das Theater. Er entwarf gemeinsam mit dem Dichter Majakowski die Verzierung der Außenfassade des Gebäudes der *Mosselprom* (Моссельпром: Московское объединение предприятий по переработке продуктов сельскохозяйственной промышленности): *Moskauer Vereinigung von Verarbeitungsbetrieben der Produkte der Agrarindustrie.*

1 Können Sie mir die Nummer Ihrer Kreditkarte geben?

2 Unter welcher Telefonnummer kann man Sie anrufen?

3 Können Sie uns morgen oder übermorgen anrufen?

4 Ich werde Sie anrufen, sobald ich die Antwort erhalten habe.

5 Buchstabieren Sie bitte Ihren Familiennamen.

6 Trennen Sie bitte nicht die Verbindung! Legen sie den Hörer nicht auf!

7 Haben Sie heute Morgen angerufen?

8 Ja, gestern konnte ich Sie telefonisch nicht erreichen; Ihr Mobiltelefon war ausgeschaltet.

9 Bitte warten Sie, Sie werden verbunden.

10 Rufen Sie mich zuhause unter meiner privaten Nummer an.

11 Wahrscheinlich haben Sie mit einem meiner Kollegen gesprochen?

12 Seien Sie so freundlich, holen Sie Frau Sidorowa ans Telefon.

13 Soll ich ihr etwas ausrichten?

1 Можете ли вы мне дать номер вашей кредитной карты?
Moshete li wy mne dat nomer waschei kreditnoi karty?

2 По какому телефону можно вам позвонить?
Po kakomu telefonu moshno wam poswonit?

3 Можете ли вы нам позвонить завтра или послезавтра?
Moshete li wy nam poswonit sawtra ili poslesawtra?

4 Я вам позвоню как только получу ответ.
Ja wam posvonju kak tolko polutschu otwet.

5 Продиктуйте по буквам вашу фамилию.
Prodiktuite po bukwam waschu familiju.

6 Не отсоединяйтесь, пожалуйста! Не кладите трубку!
Ne otsojedinjaites, poshaluista! Ne kladite trupku!

7 Это вы звонили сегодня утром?
Eto wy swonili sewodnja utrom?

8 Да, вчера я не смогла дозвониться – ваш мобильник
находился в режиме ожидания.
Da, wtschera ja ne smogla doswonitsja – wasch mobilnik
nachodilsja w reshime oshidanija..

9 Пожалуйста, дождитесь подключения.
Poshaluista, doshdites podkljutschenija.

10 Позвоните мне на домашний телефон.
Poswonite mne na domaschni telefon.

11 Должно быть вы говорили с кем-то из моих коллег ?
Dolshno byt wy goworili s kem-to is moich kolleg?

12 Будьте добры, позовите к телефону госпожу Сидорову.
Budte dobry, posowite k telefonu gosposhu Sidorowu.

13 Что-нибудь ей передать?
Tschto-nibud jej peredat?

14 Sie haben die falsche Nummer. Sie haben sich verwählt.

15 Können wir ein Treffen vereinbaren?

16 Sagen Sie mir, an welchem Tag und zu welcher Zeit es für Sie am besten ist.

17 Rufen Sie die Kunden an und informieren Sie sie, dass die von ihnen bestellte Ware eingetroffen ist.

18 Ich nenne Ihnen unsere nächstgelegene Agentur.

19 Vor drei Tagen habe ich Ihnen eine Mitteilung auf dem Anrufbeantworter hinterlassen.

20 Könnten Sie mir bitte einige Minuten schenken?

21 Rufen Sie ihn / sie direkt an.

22 Falls mein Gedächtnis mich nicht trügt, sind wir uns aus diesem Anlass schon begegnet.

23 Ich habe Ihre Mitteilung erhalten. Machen Sie sich keine Sorgen, ich erinnere mich gut ...

24 Von wo rufen Sie an? Wo sind Sie jetzt?

14 Вы ошиблись номером. Вы не туда попали.
   Wy oschiblis nomerom. Wy ne tuda popali.

15 Можем мы назначить встречу?
   Moshem my nasnatchit wstretschu?

16 Скажите, в какой день и в какое время вам удобнее.
   Skashite, w kakoi den i w kakoje wremja wam udobneje.

17 Обзванивайте клиентов о поступлении ожидаемого ими
   товара.
   Obswaniwaite klijentow o postuplenii oshidajemowo imi towara.

18 Я вам назову наше ближайшее агентство.
   Ja wam nasowu nasche blishaischeje agenstwo.

19 Три дня назад я оставлял вам сообщение на
   автоответчике.
   Tri dnja nasad ja ostawljal wam soobschtschenije na aftootwettschike.

20 Могли бы вы уделить мне несколько минут?
   Mogli by wy udelit mne neskolko minut?

21 Позвоните ему / ей напрямую.
   Poswonite jemu / jej naprjamuju.

22 Если память мне не изменяет, мы с вами уже встречались
   по этому поводу.
   Jesli pamjat mne ne ismenjajet, my s wami ushe wstretschalis po etomu
   powodu.

23 Я получил ваше сообщение. Не беспокойтесь, я хорошо
   помню...
   Ja polutschil wasche soobschtschenije. Ne bespokoites, ja choroscho
   pomnju ...

24 Откуда вы звоните ? Где вы сейчас?
   Otkuda wy swonite ? Gde wy seitschas?

2 звони́ть по телефо́ну: beachten sie die Konstruktion по + Dativ: звони́ть: *anläuten* bedeutet allein *telefonieren*. Это вы мне звони́ли? *Haben Sie mich angerufen (bei mir angeläutet)?*
Dieselbe Wurzel hat звоно́к: *der Anruf, das Telefongespräch*.
Beispiel: Я жду ва́шего звонка́: *Ich erwarte Ihren Anruf.* Телефони́ровать gibt es, aber mit einer technischen oder offiziellen Konnotation: На́до бу́дет телефони́ровать в мили́цию: *Die Polizei muss darüber telefonisch informiert werden.*

5 по бу́квам: по + Dativ, hat hier wieder seine distributive Bedeutung. Desgleichen gibt es: по слога́м, по ци́фрам, по да́там: *Silbe für Silbe, Nummer für Nummer, die Daten der Reihe nach ...*

6 не клади́те тру́бку: класть/положи́ть тру́бку: *das Telefongespräch unterbrechen, wieder auflegen.* Für die zweite Bedeutung gibt es auch ве́шать/пове́сить: *auf-, einhängen*; пове́сьте тру́бку, что́бы заверши́ть ваш вы́зов: *legen Sie den Hörer auf, um den Anruf zu beenden.* Anm.: тру́бка kommt von труба́ (*Rohr, Röhre, Schlauch ...*); тру́бка bedeutet auch *die (Tabaks)pfeife.*

7 1 звони́ли: Präteritum des imperfektiven Verbs wegen der zeitlichen Ungenauigkeit.
   2 сего́дня у́тром: *heute morgen.* Man hätte sich auf у́тром beschränken können, wenn nicht zu präzisieren gewesen wäre, dass es sich um diesen heutigen Tag handelt. Für *den Abend:* сего́дня ве́чером.

8 *Das Mobiltelefon* heißt моби́льник oder тру́бка; das Wort тру́бка, das in erster Bedeutung für Telefonhörer steht (s. Anm. 6), wird immer mehr für das Mobiltelefon benutzt. Anm.: *der Zellenfunk:* со́товый телефо́н.

11 с кем-то из мои́х колле́г: *mit einem meiner Kollegen.* Der Gebrauch der postponierten indeterminierten Partikel –то ist notwendig, weil es in der bestimmten Situation den fraglichen Kollegen wirklich gegeben hat, ohne dass man weiß, wer es tatsächlich war ... Die Partikel –нибудь im nächsten Beispiel dagegen: Я смогу́ организова́ть вам встре́чу с кем-нибудь из мои́х колле́г: *Ich könnte Ihnen ein Treffen mit (irgend)einem meiner Kollegen organisieren* versetzt uns in das Futur, wo die eventuelle Person noch nicht bestimmt ist.

14 оши́блись но́мером: interessanter Gebrauch des Instrumentals. In gleicher Weise: Она́ оши́блась этажо́м: *Sie hat sich in der Etage geirrt.* Für das Substantiv gibt es eine andere Konstruktion: в + Lokativ: оши́бка в телефо́нном но́мере: *eine falsche Telefonnummer.*

15 встре́ча: *das Treffen*, mit vielen Bedeutungen, darunter die politischen oder sportlichen Begegnungen. Angenehm für die Arbeits- und Geschäftstreffen: назна́чить ме́сто встре́чи: *den Ort des Treffens bestimmen*. Synonym: свида́ние, das für alle Arten der Begegnung im privaten oder beruflichen Bereich verwendet wird.

17 обзва́нивать: die Vorsilbe <u>об</u> zeigt an, dass man alle Kunden rundherum abtelefoniert. Für das „phoning" gebraucht man das entsprechende Substantiv обзво́н: обзво́н чле́нов целево́й гру́ппы: *alle Mitglieder der Zielgruppe telefonisch anrufen*.

18 ближа́йший: Superlativ von бли́зкий (Komparativ: бли́же. Beachten Sie die Palatalisierung von <u>з</u> zu <u>ж</u>). Das adjektivische Suffix der Steigerung –<u>айший</u> macht das Wort deklinierbar. Bedeutung: *der nächste, der genaueste* (im Raum und in der Zeit): на ближа́йшем поворо́те: *an der nächsten Kurve/Biegung*, в ближа́йшем бу́дущем: *in der nächsten Zukunft*, при приближа́йшем рассмотре́нии: *bei genauester Prüfung*.

19 1 три дня наза́д: wörtlich: *drei Tage zuvor*; <u>наза́д</u> macht es leicht, die zurückliegende Zeit anzugeben (im Sinne von: es ist/sind … vergangen). Oft wird тому́: *von da an* vorangestellt, das sehr gut den zeitlichen Grenzpunkt im Präsens anzeigt, von dem aus gerechnet wird: Два го́да тому́ наза́д я купи́ла у вас кварти́ру: *Vor genau zwei Jahren habe ich bei Ihnen die Wohnung gekauft*.

2 автоотве́тчик: das Suffix <u>чик</u> steht häufig für Berufsbezeichnungen: перево́дчик: *der Übersetzer*, перево́зчик: *der Spediteur*.

1 Sehr geehrte Herren!

2 Im Zusammenhang mit unserem Telefongespräch gestern Abend ...

3 Als Antwort auf Ihre Anfrage vom 8. September legen wir diesem Brief unseren neuen Katalog bei.

4 Wir bieten Ihnen ein breites Warensortiment für Saunen und Schwimmbäder an.

5 Schicken Sie bitte Ihr Angebot mit Angabe der Kosten für technische Hilfestellung an unsere Adresse.

6 Ich würde sehr gerne mit Ihnen die Einrichtung einer neuen Internetseite besprechen.

7 Ich lege unsere letzte Broschüre bei, die die Modelle der zweiten Generation von Notebooks enthält.

8 Wir waren wirklich betrübt, als wir erfuhren, dass die Metallkästchen beim Transport zerkratzt wurden.

9 Wir können dafür nicht die Verantwortung tragen.

1 Уважаемые господа!
Uwashajemyje gospoda!

2 В связи с нашим разговором по телефону вчера вечером...
W swjasi s naschim rasgoworom po telefonu wtschera wetscherom...

3 В ответ на Ваш запрос от 8 сентября прилагаем к
настоящему письму наш новый каталог.
W otwet na wasch sapros ot wosmowo sentjabrja prilagajem k
nastojaschtschemu pismu nasch nowy katalog.

4 Мы Вам предлагаем широкий ассортимент товаров для
саун и бань.
My wam predlagajem schiroki assortiment towarow dlja saun i ban.

5 Просим Вас выслать в наш адрес Вашу оферту
с указанием стоимости технической помощи.
Prosim was wyslat w nasch adres waschu ofertu
s ukasanijem stoimosti technitscheskoi pomoschtschi.

6 Я был бы очень рад обсудить с Вами возможность
настройки нового сайта.
Ja byl by otschen rad obsudit s wami wosmoshnost
nastroiki nowowo saita.

7 Прилагаю нашу последнюю брошюру, в которую вошли
модели второго поколения ноутбуков.
Prilagaju naschu poslednjuju broschjuru w kotoruju woschli
modeli vtorowo pokolenija noutbukow.

8 Мы действительно были огорчены, узнав, что
металлические коробки были исцарапаны при перевозке.
My deistvitelno byli ogortscheny, usnaw, tschto
metallitscheskije korobki byli iszarapany pri perewoske.

9 Мы не можем за это нести ответственность.
My ne moshem sa eto nesti otwetstwennost.

10 Wir freuen uns Ihnen mitteilen zu können, dass der Warenposten mit Ersatzteilen zum Flughafen zwecks Beförderung mit dem Flugzeug geliefert wurde.

11 Wegen der Platzreservierung schreiben Sie direkt an das Hotel mit der Bitte, die Bestätigung per Fax zu übermitteln.

12 Schreiben Sie, schicken Sie ein Fax und schicken Sie die Mitteilungen parallel dazu per E-Mail.

13 Unsere Preisliste wurde nicht geändert.

14 Um Verzögerungen bei der Lieferung zu vermeiden, überzeugen Sie sich, dass die von Ihnen übermittelten Informationen richtig und vollständig sind.

15 Wir danken unseren Kunden aufrichtig für das uns entgegengebrachte Vertrauen.

16 Wir müssen Sie bitten, uns einen zusätzlichen Rabatt von 10% zu gewähren.

17 Unsere Entscheidung werden wir Ihnen in nächster Zeit mitteilen. Mit freundlichen Grüßen.

10 Мы с удовольствием Вам сообщаем, что партия запасных частей была доставлена в аэропорт для отправки самолётом.
My s udawolstwijem wam soobschtschajem, tschto partja sapasnych tschastei byla dostavlena w aeroport dlja otprawki samoljotom.

11 Для резервации мест пишите прямо в отель с просьбой выслать подтверждение факсом.
Dlja reserwazii mest pischite prjamo w otel s prosboi wyslat podtwershdenije faksom.

12 Пишите, отправляйте по факсу и дублируйте сообщения через электронную почту.
Pischite, otprawljaite po faksu i dubliruite soobschtschenija tscheres elektronnuju potschtu.

13 Наш прейскурант никаких изменений не претерпел.
Nasch preiskurant nikakich ismeneni ne preterpel.

14 Во избежание задержек доставки, убедитесь, что сообщённая Вами информация – правильная и полная.
Wo isbeshanije sadershek dostawki, ubedites, tschto soobschtschonnaja wami informazija – prawilnaja i polnaja.

15 Мы искренне благодарны нашим клиентам за оказанное нам доверие.
My iskrenne blagodarny naschim klijentam sa okasannoje nam dowerije.

16 Мы должны просить Вас о предоставлении нам дополнительной 10% скидки.
My dolshny prosit was o predostawlenii nam dopolnitelnoi desjatiprozentnoi skidki.

17 Наше решение сообщим Вам в ближайшее время. С уважением.
Nasche reschenije soobschtschim wam w blishaischeje wremja. S uwashenijem.

1 Уважаемые господа! Feststehende Redewendung im Plural (уважаемые: Partizip Präsens Passiv von dem Verb уважать: *ehren, respektieren*; господа: Plural von господин). Für *Sehr geehrte Dame* gibt es Уважаемая госпожа! Beachten Sie auch das Briefende С уважением: *wörtlich: Mit (Hoch)achtung* (Beispielsatz 17).

3 при сём: *beiliegend, anbei*: Dieser Ausdruck verbindet die Präposition при in der Bedeutung *nahe bei, mit* mit dem Lokativ des veralteten Pronomens сей, das man auch in den Wörtern сейчас oder сегодня oder in dem Ausdruck до сих пор: *bis jetzt* wiederfindet.

4 саун und бань sind Genitivformen des Plurals von сауна und баня. Man kann in der Tat davon ausgehen, dass es seitens der russischen бани die Nachfrage für ein „breit angelegtes Warensortiment" gibt, das über die Birkenzweige hinausgeht und das unsere Geschäftsleute sicher kennenlernen werden müssen.

5 оферта, mit einem oder zwei ф (aus dem Lateinischen *offertus*: „Angebot"), hat eine genauere Wortbedeutung als das allgemeine Wort предложение. Es handelt sich um ein Angebot, das das unter juristischem Gesichtspunkt strenge Verfassen eines Vertrages voraussetzt, der bestimmte Bedingungen festlegt: die Kosten, die Fristen für die Ausführung, die Lieferung, die Abwicklungsmodalitäten usw. Im Falle eines *verbindlichen (festen) Angebotes:* твёрдая оферта kann der Anbieter während einer festgesetzten Frist einer anderen Person keinen Vorschlag unterbreiten. Das Wort „оферта" gibt es ebenfalls an der Börse: оферта на выкуп акций: *Angebot für den Rückkauf von Aktien.*

6 In der Redewendung настройка нового сайта: *eine neue Seite ins Internet stellen* ist das Wort „настройка" vorangestellt, abgeleitet von dem Verb настраивать/настроить: *stimmen, in Einklang bringen*; настройщик роялей ist *der Klavierstimmer*; настройка hat einen reichen Verwendungsbereich auf dem Gebiet der Informatik gefunden, wenn es darum geht, einen Computer zu konfigurieren, einen Server oder einen Navigator einzurichten: настройка компьютера, сервера, браузера.

12 „факс" ist ein maskulines Substantiv und leicht anzuwenden (*faxen*: отправить по факсу, факсовать/отфаксовать). Das Wort bezeichnet auch das Gerät sowie das gefaxte Dokument ebenso wie die Nummer des Abonnenten.

■ **Schema eines traditionellen Geschäftsbriefs**

- **Briefkopf** (Name des Untenehmens, Logo, Adresse, Telefon, Fax)
  Шапка (название фирмы, эмблема, почтовый адрес,
  номер телефона, номер факса)
- **Datum** (nur in Zahlen oder mit dem in vollem Umfang ausgeschriebenen Monat)
  Дата (23.08.07, 23.VIII.07, 23 августа 2007 г., ... сего года)
- **Referenzzeichen** in Bezug auf den zu sendenden Brief (*Unser Zeichen*) und den zu beantwortenden (*Ihr Zeichen*)
  Ссылки на индекс „исходящего" и „входящего" писем
- **Adressat** des Briefes
  Адресат (название фирмы, которой направляется письмо)
- **Betreff** (kurze Angabe zum Inhalt des Briefes)
  Заголовок к тексту (указание на сожержание письма), angezeigt durch <u>кас</u> (касательно)
- **Text** (dem Text geht eine „Anredeformel" voraus)
  Sehr geehrter Herr: Уважаемый господин!
- **Höfliche Grußformel** am Ende des Briefes
  Текст заканчивается заключительной формулой вежливости
- **Unterschrift** (подпись)
- **Anlagen** (Benennung und Anzahl)
  Приложения (название и количество экземпляров)
- **Kopien** (mit dem Hinweis, an wen/wohin sie geschickt werden)
  Копии (с указанием, куда они направляются)

■ **Briefe auf elektronischem Weg verschicken (E-Mail)**

- **Adresse des Empfängers**: Name des Nutzers@Name des Providers, Bezeichnung des Landes (für Russland „ru")
- **Адрес получателя**: имя пользователя@название провайдера, название страны: das @ (arobase) heißt im Russischen scherzhaft „собачка": *der kleine Hund*
- **Kopien**: die Adressen der anderen Empfänger: адреса, по которым должны быть отправлены копии писем.
- **Betreff**: Thema des Briefes
- **Name und Adresse des Absenders**: Фамилия и адрес отправителя
- **Text (текст), Anlagen (приложения)**:
  eingefügte Dateianlagen: прикреплённые файлы.

1 Unsere Preise bleiben voll und ganz konkurrenzfähig.

2 Die Preise verstehen sich frei ab Fabrik.

3 Ermäßigungen werden für Gruppen mit mehr als 6 Personen gewährt.

4 Die Preise sind in Euro angegeben und Netto, pro Person und Nacht.

5 Was für eine Ausrüstung wird in diesem Discount-Center verkauft?

6 Das Auswechseln der Dichtungen ist für mich mit Ersatzteilen und Arbeitsleistung nicht sehr teuer gewesen.

7 Die neuen Gaspreise sind in Kraft getreten.

8 Für unsere Stammkundschaft haben wir günstige Zahlungsbedingungen vorgesehen.

9 Für die Berechnung der Zollgebühr haben wir zu sorgen!

10 Für die Bezahlung werden Rubel in bar akzeptiert.

11 Sie können Bargeld an Bankautomaten mit freiem Zutritt abheben.

12 Bei Bestellung im Internet erfolgt die Lieferung der Flugtickets gratis.

1 Наши цены остаются вполне конкурентоспособными.
Naschi zeny ostajutsja wpolne konkurentosposobnymi.

2 Цены понимаются франко-завод.
Zeny ponimajutsja franko-savod.

3 Скидки предоставляются для групп с числом лиц больше
6-ти.
Skidki predostawljajutsja dlja grupp s tschislom liz bolsche schesti.

4 Цены указаны в евро-нетто, на человека в ночь.
Zeny ukasany w jewro-netto na tscheloveka w notsch.

5 Что за оборудование продаётся в этом Дисконт-центре?
Tschto sa oborudowanije prodajotsja w etom Diskont-zentre?

6 Замена прокладок, с запчастями и работой, мне не очень
дорого обошлась.
Samena prokladok, s saptschastjami i rabotoi, mne ne otschen
dorogo oboschlas.

7 Вступили в силу новые цены на газ.
Wstupili w silu nowyje zeny na gas.

8 Для наших постоянных клиентов предусмотрены
выгодные условия платежа.
Dlja naschich postojannych klijentow predusmotreny
wygodnyje uslowija platesha.

9 Расчёт таможенной пошлины – наша забота!
Rastschot tamoshennoi poschliny – nascha sabota!

10 К оплате принимаются наличные рубли.
K oplate prinimajutsja nalitschnyje rubli.

11 Вы сможете снять наличные деньги в банкоматах со
свободным доступом.
Wy smoshete snjat nalitschnyje dengi w bankomatach so
swobodnym dostupom.

12 Обещают бесплатную доставку авиабилетов при заказе
через Интернет.
Obeschtschajut besplatnuju dostawku aviabiletow pri sakase
tscheres Internet.

13 Die Bezahlung erfolgt durch Einlösung eines Wechsels.

14 Falls vor der Einlösungsfrist des Wechsels Geld benötigt wurde, kann der Wechsel in der Bank diskontiert werden.

15 Ist Ihr Orderwechsel gültig?

16 Lassen Sie sich mit der Anzahlung Zeit!

17 Er hat sich geirrt und den Scheck auf Ihren Namen und nicht auf den Namen Ihrer Gesellschaft ausgestellt.

18 Man weiß nicht, welche Summen auf diesen Konten ruhen.

19 Im Fall des Verlustes (oder des Diebstahls) der Kreditkarte muss sie unverzüglich gesperrt werden.

20 Anhand der Bewegung der Kreditkarte kann man sehr leicht das gesamte Leben des Karteninhabers verfolgen.

21 Wir sind nicht mehr in der Lage, Ihnen einen unbegrenzten Kredit zu gewähren.

22 Sichere Zahlungen mit Hilfe von Mobiltelefonen sind die Grundlage des Erfolges des neuen mobilen Handels.

13 Платёж будет осуществляться по векселю.
Platjosh budet osuschtschestwljatsja po wexelju.

14 Если до срока оплаты векселя понадобились деньги,
вексель может быть учтён в банке.
Jesli do sroka oplaty wexelja ponadobilis dengi,
wexel moshet byt utschtjon w banke.

15 Действителен ли Ваш простой вексель?
Deistwitelen li wasch prostoi wexel?

16 Не спешите внести задаток!
Ne speschite wnesti sadatok!

17 Он ошибся и выписал чек на Ваше имя, а не на имя Вашей
компании.
On oschibsja i wypisal tschek na wasche imja, a ne na imja waschei
kompanii.

18 Неизвестно, какие суммы хранятся на этих счетах.
Neiswestno, kakije summy chranjatsja na etich stschetach.

19 В случае утери (или кражи) кредитной карты необходимо
её незамедлительно заблокировать.
W slutschaje uteri (ili krashi) kreditnoi karty neobchodimo
jejo nesamedlitelno sablokirowat.

20 По движению кредитной карты можно очень легко
проследить всю жизнь ее владельца.
Po dwisheniju kreditnoi karty moshno otschen legko
prosledit wsju shisn jejo wladelza.

21 Мы больше не в состоянии вам предоставить
неограниченный кредит.
My bolsche ne w sostojanii wam predostawit neogranitschenny kredit.

22 Защищённые платежи с помощью мобильных телефонов
– основа успеха новой мобильной коммерции.
Saschtschischtschonnyje plateshi s pomoschtschju mobilnych telefonow
– osnowa uspecha nowoi mobilnoi kommerzii.

10 наличные деньги: *Bargeld*. Das substantivierte Adjektiv steht in der Redewendung платить наличными: *in bar bezahlen*. Der Ausdruck безналичный расчёт dagegen, der anzeigt, dass man nicht in bar bezahlt, wird für alle Zahlungsoperationen verwendet, die den schriftlichen Zahlungsverkehr betreffen: Schecks, Banküberweisungen, Postalische Aufträge ...

13 Der Wechsel, der drei Personen ins Spiel bringt: *den Aussteller eines gezogenen Wechsels, Trassant*: векселедатель, трассант, *den Wechselbezogenen, Trassat*: плательщик, трассат und *den Inhaber des Wechsels*: векселедержатель heißt im Russischen переводный вексель; переводный hat die genaue Bedeutung von *übertragbar* (vgl. das Modell auf der folgenden Seite). Der Orderwechsel, ein Titel, der nur einen *Wechselaussteller* плательщик betrifft und einen *Wechselnehmer, Remittent* получатель, wird als простой вексель übersetzt, простой bedeutet genau *einfach*.

14 учтён ist das Partizip Präteritum Passiv des Verbs учесть, учту, учтёшь (perfektiv): *berechnen, in Betracht ziehen*. In Verbindung mit вексель hat es die Bedeutung diskontieren. Der *Diskontsatz* heißt учётная ставка.

18 счёт: *das Konto, die Rechnung*. Hier kann es sich handeln um *Kontokorrent*: текущие счета oder sogar um *Nummernkonten*: номерные счета. Die Form des Lokativ Singular lautet „на текущем счету". Oft endet der Plural auf **а** bei den verschiedenen Verwendungen von счёт: счета sind auch *die Rechnungen*. Dagegen sagt man für *abrechnen* свести счёты.

Beachten Sie das Substantiv счёты: *das Rechenbrett*.

22 Das *M-Geschäft*: мобильная коммерция lässt ungeachtet der Einschränkungen beim *Mobiltelefon*: мобильник durchaus schon interessante Möglichkeiten erahnen. Z.B.: *das Einchecken am Flughafen*: регистрация в аэропорту, *die Nutzung als Kreditkarte bei Einkäufen*: использование в качестве кредитной карты при покупках, *um Geldüberweisungen durchzuführen*: совершать денежные переводы usw. So gesehen ist die Installation von einem Sicherungsprogramm auf dem Mobiltelefon ein Pfand für die Zukunft für diese neue Form des E-Handels.

Бланк векселя
Formular eines Wechsels

ПЕРЕВОДНЫЙ ВЕКСЕЛЬ (ТРАТТА)
TRASSIERTER WECHSEL (TRATTE)

- Серия № на сумму (цифрами).................................
  Serie Nr. über eine Summe von (in Zahlen)
- Дата, место составления векселя ....
  Datum, Ausstellungsort des Wechsels
- Прошу предприятие (лицо).................................
  Ich bitte das Unternehmen (die Person)
- полное наименование и полный адрес плательщика.................................
  Name und vollständige Adressse des Wechselbezogenen
- уплатить по этому векселю денежную сумму в размере ....
  Mit diesem Wechsel ist der Geldbetrag in der Höhe von ... zu bezahlen
- непосредственно предприятию (лицу).................................
  Direkt an das Unternehmen (an die Person)
- или по его приказу любому другому предприятию (лицу)
  Oder gemäß seiner Anordnung an jedes andere Unternehmen (oder jede andere Person)
- Этот вексель подлежит оплате в следующий срок:
  Dieser Wechsel ist in der folgenden Frist zahlbar:
- Местом платежа является.................................
  Der Zahlungsort ist
- Наименование и адрес векселедателя.................................
  Name und Adresse des Ausstellers des Wechsels
- Руководитель предприятия векселедателя ....
  Der Leiter des Unternehmens des Ausstellers des Wechsels

- Merke: links neben dem Brieftext steht senkrecht der Vermerk „Für den Aval/die Wechselbürgschaft" mit Angabe von Datum und Ort für die Unterschrift des *Wechselbürgen* (авалист). Rechts steht der Vermerk „für die Annahme" mit Angabe von Datum und Ort für die Unterschrift des Akzeptanten (акцептант).

1 Wir garantieren Lieferung frei Haus von 0 Uhr bis 24 Uhr, Tag und Nacht.

2 Die Erdöllieferungen an die Erdölraffinerien wurden reduziert.

3 Unsere Gesellschaft freut sich, Ihnen den postalischen Express-Lieferservice gewähren zu können.

4 Es werden Bedingungen für die Lieferung FOB Südhafen oder Sankt Petersburg angeboten.

5 Wir können die Waren in jede beliebige Region liefern.

6 Unser Geschäft liefert Bücher ins Ausland.

7 Nach der Lieferung der Ware an Bord des Schiffes gehen alle Schadensrisiken an den Käufer über.

8 Die Kosten für die Lieferung sind im Kaufpreis enthalten.

9 Bei einer Kaufsumme von über 30.000 Rubel erfolgt die Lieferung kostenlos.

10 Die Lieferung verschiebt sich um eine Stunde.

11 Bei dem Transport von Gefahrgütern ist es zwingend geboten, die Lieferzeit um 24 Stunden zu verlängern.

12 Ein Versuch, Drogen in ein Gefängnis zu liefern, wurde verhindert.

1 Мы обеспечиваем круглосуточную доставку на дом.
My obespetschiwajem kruglosutotschnuju dostawku na dom.

2 Поставки нефти на нефтеперерабатывающие заводы сократились.
Postawki nefti na neftepererabatywajuschtschije sawody sokratilis.

3 Наша компания рада Вам предоставить сервис по экспресс-доставке почты.
Nascha kompanija rada wam predostawit serwis po expres-dostawke potschty.

4 Предлагаются условия поставки ФОБ порт **Южный или** Санкт-Петербург.
Predlagajutsja uslowija postawki FOB port Jushny ili Sankt-Peterburg.

5 Мы можем доставлять товары в любые регионы.
My moshem dostawljat towary w ljubyje regiony.

6 Наш магазин осуществляет доставку книг за границу.
Nasch magasin osuschtschestwljajet dostawku knig sa granizu.

7 После доставки товара на борт судна все риски повреждения переходят на покупателя.
Posle dostawki towara na bort sudna wse riski powreshdenija perechodjat na pakupatelja.

8 Расходы на доставку включаются в покупную стоимость.
Raßchody na dostawku wkljutschajutsja w pokupnuju stoimost.

9 При покупке на сумму свыше 30 тыс. руб. – доставка бесплатная.
Pri pokupke na summu swysche tridzati tysjatschi rublei – dostawka besplatnaja.

10 Доставка отсрочивается на час.
Dostawka otsrotschiwajetsja na tschas.

11 При перевозке опасных грузов к сроку доставки необходимо добавить одни сутки.
Pri perewoske opasnych grusow k sroku dostawki neobchodimo dobawit odni sutki.

12 Пресечена попытка доставки наркотиков в тюрьму.
Presetschena popytka dostawki narkotikow w tjurmu.

13 Gesucht wird ein Fahrer für den Pizza-Lieferservice.

14 Der Beginn der Lieferungen mit Linienflügen muss erneut verschoben werden.

15 Im Fall der Rückgabe der gelieferten Ware werden die Transportkosten in Abzug gebracht.

16 Der Transport von Wassermelonen auf dem Flussweg ist die kostengünstigste Art der Lieferung.

17 Lassen Sie uns eine gemeinsame Lieferung zum Bahnhof vereinbaren.

18 Die Verbrecher verübten einen bewaffneten Überfall auf den Geldfahrer.

19 Anfang Februar startet ein neuer Kurier-Lieferdienst „persönlich zu Ihren Händen".

20 Wir bieten die Lieferungen einer großen Auswahl von Fahrrädern aus China an.

21 Der Lieferant gewährt Transport-Dienstleistungen bei der Lieferung einzelner Warenposten der Kleinserienfertigung.

22 Die Lieferung von Blumen ist sowohl in der Stadt wie auch im benachbarten Umkreis kostenlos.

13 Требуется водитель-доставщик пиццы.
Trebujetsja woditel-dostawschtschik pizzy.

14 Начало поставок пассажирским авиалайнером вновь может быть отложено.
Natschalo postawok passashirskim avialainerom wnow moshet byt otlosheno.

15 При возврате доставленного товара удерживаются транспортные расходы.
Pri woswrate dostawlennowo towara udershiwajutsja transportnyje raßchody.

16 Поставка арбузов речным путём является самой дешёвой.
Postawka arbusow retchnym putjom jawljajetsja samoi deschowoi.

17 Договоримся о совместной доставке к вокзалу.
Dogoworimsja o sowmestnoi dostawke k woksalu.

18 Преступники совершили вооружённое нападение на водителя-инкассатора.
Prestupniki sowerschili woorushonnoje napadenije na woditelja-inkassatora.

19 В начале февраля стартует новая курьерская доставка «лично в руки».
V natschale fewralja startujet nowaja kurerskaja dostawka „litschno w ruki".

20 Предлагаем поставки широкого ассортимента велосипедов из Китая.
Predlagajem postawki schirokowo assortimenta welosipedow is Kitaja.

21 Поставщик оказывает транспортные услуги по доставке отдельных партий малосерийных изделий.
Postawschtschik okasywajet transportnyje uslugui po dostawke otdelnych parti maloserinych isdeli.

22 Доставка цветов бесплатна как внутри города, так и в его ближайших окрестностях.
Dostawka zwetow besplatna kak wnutri goroda, tak i w jewo blishaischich okrestnostjach.

2 Es gibt zumindest zwei Wörter für die Lieferungen mit demselben Wortstamm <u>став</u>: до<u>ста</u>вка für die *Lieferung* bis zu einem angegebenen Punkt, по<u>ста</u>вка für *die Versorgung* im Allgemeinen.

4 Der Incoterm FOB (*free on board*). Das russische ФОБ entspricht dem фра́нко-бо́рт. In der Regel zeigt der Terminus фра́нко an, dass der nachfolgende Name den Punkt bezeichnet, bis hin zu welchem die Versicherung und die Transportkosten der Lieferung noch nicht zu Lasten des Käufers gehen. In anderen Situationen gibt es: фра́нко-заво́д, фра́нко-ваго́н, фра́нко-прича́л *Ankerplatz* usw. (vgl. die Tabelle der Incoterm-Codes).

10 отсро́чиваться/отсро́читься hat den Wortstamm срок: *die Frist, der Termin*. Das Substantiv отсро́чка bedeutet *Fristverlängerung der Lieferung* oder auch noch *die Stundung, Verschiebung*. Für die russischen Berechtigten ist es der „Aufschub".

11 су́тки: die Periode, die im Prinzip von Mitternacht bis Mitternacht reicht. Sehr angenehm zur Bezeichnung der Zeitspanne von 24 oder 48 Stunden. Пое́здка на дво́е су́ток: *Eine Reise von 48 Stunden*. Das Wort ist ein Plurale tantum, deshalb одни́ су́тки und der Genitiv Plural nach dem Kollektivzahlwort дво́е.

13 доста́вщик: *der Zusteller*, das Pendant zu поставщи́к: *der Lieferant* ist ein in seiner Wortbildung logischer Begriff, in seinem Gebrauch aber relativ neu. Er hat dank der Entwicklung der modernen Liefertechniken, die ein oft junges und motorisiertes Prsonal ansprechen, eine Wiederbelebung des Gebrauchs erfahren.

16 Es ist wahrscheinlich eine Anspielung auf die Barken mit Wassermelonen, die von Astrachan her die Wolga hinauf nach Norden gefahren sind. In den letzten Jahren ist der Schienenverkehr, die Straße und sogar das Flugzeug zu einer heftigen Konkurrenz für die sympathische traditionelle Transportart geworden.

17 Die *Gemeinschaftslieferung*: совме́стная доста́вка findet in Russland immer mehr Anhänger; доста́вка kann auch als Personenbeförderung verstanden werden. Es gibt beispielsweise доста́вка сотру́дников к ме́сту рабо́ты: *die Beförderung der Mitarbeiter bis zu ihrem Arbeitsplatz*.

18 Инкасса́тор (Schriftsprache: *der Kassierer, der Kassenbote, der Geldfahrer einer Bank*). Mit dem vorangestellten Begriff води́тель: *der Fahrer* bekommt er die Funktion eines *Zustellers*, die eines *Geldbegleiters*. In dieser Funktion verfügt er über einen *Panzerwagen*: брони́рованный грузови́к.

INCOTERM-CODES · ИНКОТЕРМС (Handeslterminologie)		
CAF	Cost and Freight <u>КАФ</u> Стоимость и Фрахт	*Kosten und Fracht*
CIF	Cost, Insurance and Freight <u>СИФ</u> Стоимость, Страхование и Фрахт	*Kosten, Versicherung und Fracht*
CIP	Cost Insurance Paid To Провозная плата и страхование оплачены	*frachtfrei versichert bis*
CPT	Carriage Paid To Провозная плата оплачена до	*frachtfrei bis*
DAF	Delivered At Frontier Поставка до границы	*Lieferung frei Grenze*
DDP	Delivered Duty Paid Поставка с оплатой пошлины	*frei verzollt*
DDU	Delivered Duty Unpaid Поставка без оплаты пошлины	*frei unverzollt*
DEQ	Delivered Ex Quay Поставка с пристани	*frei ab Kai*
DES	Delivered Ex Ship Поставка с судна	*frei ab Schiff*
EXW	Ex Works Франко-предприятие	*ab Werk*
FAS	Free Alongside Ship Свободно вдоль борта судна	*frei längsseits Schiff*
FCA	Free Carrier Франко-перевозчик	*frei Spediteur*
FOB	Free On Bord <u>ФОБ</u> Франко-борт	*frei an Bord*

1 Die Reparaturarbeiten übernehmen wir.

2 Diese Maschine kann man nicht reparieren.

3 Die Garantiezeit für diese Maschine ist abgelaufen.

4 Bei der Arbeit mit diesem Gerät wurden die Vorschriften für die Benutzung nicht eingehalten.

5 Die Beschädigung wurde durch unsachgemäße Handhabung verursacht.

6 Wir schlagen Ihnen vor, dass wir die Ware austauschen oder ihren Wert ersetzen.

7 Wir ziehen es vor, dieses Modell zurückzunehmen, weil man uns die Störungsfälle mitgeteilt hat.

8 Wir können es gegen ein Modell der gleichen Art austauschen.

9 Für solche Defekte tragen wir keine Verantwortung.

10 Haben Sie den Garantieschein?

1 Работы по ремонту мы берём на себя.
Raboty po remontu my berjom na sebja.

2 Эта машина ремонту не подлежит.
Eta maschina remontu ne podleshit.

3 Гарантийный срок на эту машину истёк.
Garantiny srok na etu maschinu istjok.

4 При работе с этим аппаратом не соблюдались правила
пользования.
Pri rabote s etim apparatom ne sobljudalis prawila polsowanija.

5 Повреждение вызвано неправильным обращением.
Powreshdenije wyswano neprawilnym obraschtschenijem.

6 Мы вам предлагаем заменить товар или возместить его
стоимость.
My wam predlagajem samenit towar ili wosmestit jewo stoimost.

7 Мы предпочитаем забрать обратно эту модель, так как
нам сообщили о её неисправностях.
My predpotschitajem sabrat obratno etu model, tak kak
nam soobschtschili o jejo neisprawnostjach.

8 Мы можем заменить на модель такого же типа.
My moshem samenit na model takowo she tipa.

9 Мы не несём ответственность за подобную
неисправность.
My ne nesjom otwetstwennost sa podobnuju neisprawnost.

10 Есть ли у вас гарантийный талон?
Jest li u was garantiny talon?

11 Das Gerät ist in einwandfreiem Zustand.

12 Bei der Lieferung war dieser Artikel in einem guten Zustand.

13 Wir sind bereit, Ihnen geschäftliche Vergünstigungen einzuräumen.

14 Der Artikel entspricht Ihrer Bestellung.

15 Unser Versicherer wird Ihnen den vollen Schaden ersetzen.

16 Der Beförderer trägt die Verantwortung.

17 Wahrscheinlich wurde die Ware während des Transportes beschädigt.

18 Wir hatten mit diesem Modell niemals Probleme.

19 Die Installation wurde nicht von uns durchgeführt.

20 Unser Versicherer prüft die Sache.

21 Wir können Ihrer Beschwerde nicht entsprechen.

11 Прибор находится в полной исправности.
Pribor nachoditsja w polnoi isprawnosti.

12 При доставке это изделие было в хорошем состоянии.
Pri dostawke eto isdelije bylo w choroschem sostojanii.

13 Мы готовы предоставить вам торговую льготу.
My gotowy predostavit wam torgowuju lgotu.

14 Изделие соответствует вашему заказу.
Isdelije sootwetstwujet waschemu sakasu.

15 Вам будет полностью возмещён убыток нашим
страховщиком.
Wam budet polnostju wosmeschtschon ubytok naschim
strachowschtschikom.

16 Ответчиком является перевозчик.
Otwettschikom jawljajetsja perewostschik.

17 Должно быть товар был повреждён во время перевозки.
Dolshno byt towar byl powreshdjon wo wremja perewoski.

18 У нас никогда не было проблем с этой моделью.
U nas nikogda ne bylo problem s etoi modelju.

19 Установка была произведена не нами.
Ustanowka byla proiswedena ne nami.

20 Дело рассматривается нашим страховщиком.
Delo rassmatriwajetsja naschim strachowschtschikom.

21 Мы не можем удовлетворить вашу жалобу.
My ne moshem udowletworit waschu shalobu.

1 брать/взять на себя: (wörtlich: *auf sich nehmen*) *die Verantwortung übernehmen, sich sorgen, sich kümmern um.*

2 машина, hat im Russischen die Bedeutung von *Maschine*, so wie hier, bedeutet aber auch *Auto*. Dieses Wort ist sehr populär und verdrängt oft автомобиль (man sagt auch автомашина).

4 при работе: die Präposition при + Lokativ weist hier darauf hin, dass es um die Anwendung des Gerätes geht (erste Handlung), dass man die Gebrauchsanweisung nicht beachtet hat (zweite Handlung) und dass der Käufer den Schaden zu tragen hat; при leitet also eine Vorstellung von Kausalität ein.

7 модель *das Modell* (im Russischen feminin): dieser Begriff könnte aus dem Französischen über Polen in die Sprache eingegangen sein. In Russland ist er seit der Zeit Peters I. gebräuchlich, insbesondere für die Nachahmung technischer Leistungen. Die neuesten Ableitungen: моделизация: *Modellisierung*, z.B. *Modellisierung wirtschaftlicher Prozesse*: моделизация экономических процессов und моделирование: *Simulation*, z.B. *das Lenken eines Autos simulieren*: моделирование вождения автомобиля.

12 при доставке: *bei/im Moment der Lieferung*. Reine Zeitangabe, die die Qualität der Ware zum Zeitpunkt ihrer Ankunft unterstreicht .

13 льгота: *Privileg* • льготный билет: *ermäßigtes Ticket* • льготные условия *vorteilhafte Konditionen*. Die Wurzel лг wie in лёгкий: *leicht*.

20 страховщик: *der Versicherer,* страхователь: *der Versicherte,* страховать (за–): *versichern,* страхование: *Versicherung* (< страх: *die Angst, die Furcht*).
на свой страх и риск: *auf eigene Gefahr.*
Beachten Sie, dass, anders als im Deutschen, *die Versicherungen* ins Russische im Singular übersetzt werden. Man unterscheidet drei Arten von Versicherungen:
· *die Privatversicherungen*: личное страхование
· *die Eigentums- und Sachversicherungen*: имущественное страхование
· *die Haftpflichtversicherungen*: страхование ответственности.

ОБРАЗЕЦ АВТОМОБИЛЬНОГО СТРАХОВОГО ПОЛИСА
Muster einer Kraftfahrzeugversicherungspolice

Наименование страховщика: *Name des Versicherers*
Страховой полис серия №: *Versicherungspolice Serien-Nr.*

1. Страхователь (фамилия, имя, отчество гражданина)
   Name, Vorname, Vatersname des Bürgers

2. Транспортное средство (ТС): *Fahrzeug*
   Собственник (фамилия, имя, отчество гражданина)
   Besitzer (Name, Vorname, Vatersname des Bürgers)
   Марка, модель: *Marke, Modell*
   Идентификационный номер: *Identifikations-Nummer*
   Государственный регистрационный знак:
   Registriertes staatliches Kennzeichen

3. Лица, допущенные к управлению без ограничений, только сле-
   дующие водители ...
   Personen, denen das Führen des Fahrzeugs uneingeschränkt gestattet ist,
   nur die folgenden Fahrer ...
   Водительское удостоверение (серия, номер)
   Führerschein (Serie, Nummer)

4. Период использования ТС в течение срока страхования
   Nutzungszeitraum des Fahrzeugs während der Laufzeit der Versicherung
   с 12/08/200... г. по 12/08/200... г: *vom 12/08/200... bis12/08/200...*

5. выданы: специальный знак государственного образца № ...,
   перечень представителей страховщика в субъектах Российской
   Федерации.
   Ausgegeben wurden: ein spezielles Kennzeichen des staatlichen Musters
   Nr. ..., eine Liste der Vertreter des Versicherers in den Föderationssubjek-
   ten der Russischen Föderation.

Подпись страхователя: *Unterschrift des Versicherten*
Представитель страховщика: *Der Versicherungsvertreter*
Дата выдачи полиса: *Ausgabedatum der Police*

1 Einige hier kennen wir nicht, nicht wahr?

2 Jeder von uns wird sich der Reihe nach vorstellen.

3 Ich heiße ...

4 Zu meiner Arbeit gehört ...

5 Ich arbeite in der Abteilung Netzwerk-Marketing.

6 Ich arbeite schon zwei Jahre in der Buchhaltung.

7 Wir arbeiten mit einer Gruppe von Forschern aus Kiew zusammen.

8 Ich bin soeben erst auf diesen Posten eingesetzt worden.

9 Ich habe im letzten Monat in eine andere Abteilung gewechselt.

10 Ich habe die Arbeit von Herrn X bekommen.

11 In welcher Abteilung haben Sie gearbeitet?

12 Wir möchten unser gemeinsames Projekt vorstellen.

15 ВОКРУГ СТОЛА

1 Мы не все знакомы? Верно?
   My ne wse snakomy? Verno?

2 Каждый сидящий представится по очереди.
   Kashdy sidjaschtschi predstawitsja po otscheredi.

3 Меня зовут...
   Menja sowut...

4 В мою работу входит...
   W moju rabotu wchodit...

5 Я работаю в отделе сетевого маркетинга.
   Ja rabotaju w otdele setewowo marketinga.

6 Я работаю в бухгалтерии уже два года.
   Ja rabotaju w buchgalterii ushe dwa goda.

7 Мы сотрудничаем с группой исследователей из Киева.
   My sotrudnitschajem s gruppoi issledowatelei is Kijewa.

8 Меня только что назначили на эту должность.
   Menja tolko tschto nasnatschili na etu dolshnost.

9 Я перешёл в другой отдел в прошлом месяце.
   Ja pereschol w drugoi otdel w proschlom mesjaze.

10 Я принял дела у господина Х.
   Ja prinjal dela u gospodina X.

11 В каком секторе вы работали?
   W kakom sektore wy rabotali?

12 Мы хотели бы представить наш совместный проект.
   My choteli by predstawit nasch sowmestny projekt.

13 Für mich ist das eine neue Erfahrung.

14 Das ist eine Branche, die ich gut kenne.

15 Ich bin für den Vertrieb verantwortlich.

16 Ich bin der Generaldirektor dieses Unternehmens.

17 Zu meinen Pflichten gehört: koordinieren, durchsetzen, vorantreiben ...

18 Ich führe Untersuchungen durch auf dem Gebiet ...

19 Ich leite diesen Sektor seit vielen Jahren.

20 Ich vertrete zeitweilig den kaufmännischen Direktor.

21 Ich nehme zum ersten Mal an Ihrer Versammlung teil.

22 Über fünf Jahre habe ich als Image Maker gearbeitet.

23 Ich bin seit Oktober dieses Jahres fest eingestellt.

13 Для меня – это новый опыт.
   Dlja menja – eto nowy opyt.

14 Это отрасль, которую я хорошо знаю.
   Eto otrasl, kotoruju ja choroscho snaju.

15 Я отвечаю за сбыт.
   Ja otwetschaju sa sbyt.

16 Я – генеральный директор этого предприятия.
   Ja – generalny direktor etowo predprijatija.

17 В мои обязанности входит : координировать, внедрять,
   продвигать...
   W moi objasannosti wchodit : koordinirowat, wnidrjat, prodwigat...

18 Я провожу исследования в области...
   Ja prowoshu issledowanija w oblasti...

19 Я руковожу этим сектором много лет.
   Ja rukowoshu etim sektorom mnogo let.

20 Я временно исполняю обязанности коммерческого
   директора.
   Ja wremenno ispolnjaju objasannosti kommertscheskowo direktora.

21 Я впервые присутствую на вашем собрании.
   Ja wperwyje prisutstvuju na waschem sobranii.

22 Более пяти лет я работал имиджмейкером.
   Boleje pjati let ja rabotal imidshmeikerom.

23 Меня зачислили в штат с октября этого года.
   Menja satschislili w schtat s okjabrja etowo goda.

Im vorliegenden Fall nennen die *Teilnehmer*: участники, die bei einem ersten *Arbeitstreffen*: заседание anwesend sind, ihre Namen und stellen *der Reihe nach*: поочерёдно ihre aktuelle Lage, gegebenenfalls ihre Fachrichtung vor. Sie befinden sich in einem Raum an einem Tisch sitzend, was wie folgt beschrieben werden kann: поочерёдное самопредставление (Schriftsprachlich *Eigenvorstellung*) участников, сидящих за одним столом. Für eine Tischrunde zum Kennenlernen der Ansichten der verschiedenen Teilnehmer gibt es den Ausdruck: поочерёдный опрос мнений участников.

1 Мы все знакомы. *Wir alle hier kennen uns.* знаком, gibt es im Singular in drei Geschlechtern:
   Он мне знаком: *Ich kenne ihn* (wörtlich *er ist mir bekannt*).
   Она мне знакома: *Ich kenne sie.*
   Это дело мне знакомо: *Diese Sache/Angelegenheit ist mir bekannt.*
   · ADJEKTIV > знакомый: *bekannt* (знакомая мелодия).
   · SUBSTANTIV (substantiviertes Adjektiv) > знакомый: *ein Bekannter* • старый знакомый: *ein alter Bekannter.*
   · VERB > (по)знакомить: *bekannt machen*:
   Я тебя с ним познакомлю: *Ich werde dich mit ihm bekannt machen.*
   · REFLEXIVVERB > (по)знакомиться: *sich bekannt machen:*
   Они недавно познакомились: *Sie haben sich vor kurzem kennengelernt.*

5 сетевой маркетинг: *Online-Marketing* (von сеть (f.): *das Netz, die Garne, das Netzwerk*). Diese Verkaufstechnik auf vielen Ebenen, многоуровневый (MLM), wurde in Russland sowohl für die hergestellten Artikel als auch für die Serviceleistungen weitgehend übernommen. *Die Online-Händler*: сетевики-дистрибьютеры werden unermüdlich angeworben, besonders mit Hilfe des Internets. Ihre Einnahmen setzen sich aus *Provisionen*: комиссионные und aus einem *Bonus*: бонусы zusammen.

6 бухгалтерия: die *Kenntnisse der Buchführung* und die *Buchhaltungsabteilung*. In der gängigen Praxis spricht man von бухгалтерский учёт (бухучёт) für die innerhalb des Unternehmens geführten Operationen. *Der Buchhalter*: бухгалтер.

13 новый опыт: *eine neue Erfahrung*. Опытный человек: *ein erfahrener Mensch*. Mit derselben Wurzel пыт gibt es auch испытание: *die Probe, der Versuch* et пытка: *die Qual*. Die folgende sprichwörtliche Redewendung Попытка не пытка (wörtl. *Der Versuch ist keine Qual → Ein*

Versuch kostet nichts) lädt dazu ein, aktiv zu werden. Merken wir uns außerdem пытаться: *versuchen*. Я несколько раз пытался: *Ich habe es mehrfach versucht*. Wir erinnern daran, dass die *Essays* von Montaigne als *Опыты* übersetzt werden.

15 сбыт: für сбыт товаров: *der Absatz, der Vertrieb der Waren*. Das entsprechende Verb: сбывать/сбыть. Ein Scherz ist in den Unternehmen im Umlauf, die Mühe haben, Absatzmärkte zu finden: „сбыт или не быть": *die Ware absetzen oder untergehen (nicht sein)*, so wie bei Hamlet: „Быть или не быть (вот в чём вопрос)".

16 Генеральный директор: *Der Generaldirektor*
Президент-Генеральный директор: *der Geschäftsführer*
В случае необходимости Президент-Генеральный директор вправе возложить временное исполнение обязанностей на одного из первых вице-президентов: *Im Notfall ist der Geschäftsführer berechtigt, die einstweilige Ausübung seiner Verpflichtungen einem seiner ersten Stellvertreter zu übertragen.*

20 Я временно исполняю: *Ich übe einstweilig/provisorisch aus*. Die betreffende Person trägt den Titel „временно Исполняющий Обязанности" (Anmerkung 16), der ihr erlaubt, das Kürzel И.О. zu führen, das sehr häufig, vor allem in der Politik, anzutreffen ist.

22 имиджмейкер: *der Designer, Imagemaker* (eine Person oder eine Sache), *der Grafiker, Werbefachmann, der Imageberater* (in der Politik).

23 Меня зачислили в штат: *Ich wurde in die Belegschaft aufgenommen*. Das reflexive Verb зачисляться/зачислиться wird ebenfalls sehr oft gebraucht: зачислиться на фабрику: *eine Beschäftigung in einer Fabrik finden*. Der Wortstamm dieses Verbs ist число: *die (An)zahl*. Das einfache Verb числиться: *gezählt werden zu, geführt werden als, erscheinen, auf einer Liste stehen* • числиться среди лидеров: *zu den Führungspersönlichkeiten zählen*.

1 Wir haben unsere Hauptkonkurrenten überholt.

2 Wir erwarten die besten Ergebnisse in den nächsten Monaten.

3 Wir haben unsere Ziele erreicht.

4 Die Spesen wurden um 5% herabgesetzt.

5 Unser Handelsumsatz hat sich im letzten Quartal um 4% erhöht.

6 Unsere kosmetischen Produkte sind in den Boutiquen des GUM ausgelegt.

7 Wir verkaufen jetzt unsere Artikel in allen großen Handelszentren.

8 Das neue Werk wird im Juni in Betrieb genommen.

9 Unsere Aktivitäten sind sehr viel dynamischer als früher.

10 Schon seit drei Jahren verzeichnen wir ein regelmäßiges Wachstum.

11 Im letzten Jahr haben wir einen Gewinn von drei Millionen Dollar gemeldet.

1 Мы перегнали своих главных конкурентов.
My peregnali swoich glawnych konkurentow.

2 Мы ожидаем лучших результатов в ближайшие месяцы.
My oshidajem lutschich resultatow w blishaischije mesjazy.

3 Мы достигли наших целей.
My dostigli naschich zelei.

4 Накладные расходы снизились на 5%.
Nakladnyje raßchody snisilis na pjat prozentow.

5 Наш торговый оборот увеличился на 4% за последний квартал.
Nasch torgowy oborot uwelitschilsja na tschetyri prozenta sa posledni kwartal.

6 Наша косметическая продукция представлена в бутиках ГУМа.
Nascha kosmetitscheskaja produkzija predstawlena w butikach GUMa.

7 Теперь мы продаём наши товары во всех больших торговых центрах.
Teper my prodajom naschi towary wo wsech bolschich torgowych zentrach.

8 Новый завод будет сдан в эксплуатацию в июне.
Nowy sawod budet sdan w expluatacziju w ijune.

9 Наша деятельность стала гораздо активнее, чем была прежде.
Nascha dejatelnost stala gorasdo aktiwneje, tschem byla preshde.

10 Наш рост регулярен вот уже три года.
Nasch rost reguljaren wot ushe tri goda.

11 В прошлом году мы заявили о прибыли в три миллиона долларов.
W proschlom godu my sajawili o pribyli w tri milliona dollarow.

12 Diese Zahlen sind ein absoluter Rekord.

13 Die Instandsetzungsarbeiten wurden aus unserem Nettogewinn finanziert.

14 Wir haben vorteilhafte Verträge erwirkt.

15 Das Wachstum unserer Exporte war beeindruckend.

16 Unsere Konkurrenten haben Marktpositionen verloren.

17 Sie sind bis über beide Ohren verschuldet.

18 Sie mussten eine Anleihe machen.

19 Dieser Firma fällt es schwer die Schulden zu tilgen.

20 Dieses unrentable Unternehmen steht am Rande des Bankrotts.

21 Diese Gesellschaft hat eine vorläufige Bilanz ihrer Aktivitäten gezogen.

22 Wir haben beschlossen, die verlustbringenden Filialen zu schließen.

23 Sie mussten ihren Personalbestand reduzieren.

12 Эти цифры – абсолютный рекорд.
Eti zifry – absoljutny rekord.

13 Ремонтные работы финансировались за счёт чистой прибыли.
Remontnyje raboty finansirowalis sa stschot tschistoi pribyli.

14 Мы добились выгодных контрактов.
My dobilis wygodnych kontraktow.

15 Рост нашего экспорта был впечатляющим.
Rost naschewo exporta byl wpetschatljajuschtschim.

16 Наши конкуренты потеряли позиции на рынке.
Naschi konkurenty poterjali posizii na rynke.

17 Они по уши в долгах.
Oni po uschi w dolgach.

18 Они должны были взять в долг.
Oni dolshny byli wsjat w dolg.

19 Эта фирма затрудняется погасить долг.
Eta firma satrudnjajetsja pogasit dolg.

20 Это нерентабельное предприятие на грани банкротства.
Eto nerentabelnoje predprijatije na grani bankrotstwa.

21 Эта компания подвела предварительные итоги своей деятельности.
Eta kompanija podwela predwaritelnyje itogi swojei dejatelnosti.

22 Мы решили закрыть убыточные филиалы.
My reschili sakryt ubytotschnyje filialy.

23 Они вынуждены были провести сокращение персонала.
Oni wynushdeny byli prowesti sokraschtschenije personala.

1   1   In dem Verb перегнать zeigt die Vorsilbe <u>пере</u> das Überschreiten bzw. die Überholung an; für *überholen* sagt man auch обогнать; *einholen*: догнать. Beachten Sie, dass diese drei Begriffe mit dem Verb гнать: *jagen, verfolgen* gebildet werden. Erinnern wir uns an den berühmten Slogan „догнать и перегнать": *einholen und überholen*, den Chruschtschow zu Beginn der 60er Jahre gegen die Vereinigten Staaten schmetterte.

     2   своих oder наших: hier kann man in gleicher Weise unterschiedslos die Pronomen <u>свой</u> oder <u>наш</u> verwenden; <u>свой</u> bezieht sich immer auf das Subjekt des Satzes, ganz gleich, was für eine Person das ist. Sein Gebrauch ist für die 3. Person obligatorisch, aber für die erste Person Singular und Plural und für die zweite Person Plural kann man gleichfalls die Pronomen <u>мой</u>, <u>наш</u>, <u>ваш</u> verwenden.

5   1   Mehrere Übersetzungen sind möglich für *den Handelsumsatz*: торговый оборот (wie in dem Beispielsatz), выручка от реализации und товарооборот.

     2   квартал: dieses Wort hat zwei Bedeutungen:
        1. *das Quartal, Vierteljahr*
        2. *das Viertel* (Stadtviertel).

6   1   Das Wort бутик, noch sehr neu, bezeichnet eine Boutique mit Markenkleidung.

     2   ГУМ: Kürzel von Государственный универсальный магазин: *das staatliche Warenhaus*. Das berühmte GUM in Moskau wurde 1893 eröffnet. Es wurde 1921 verstaatlicht und 1993 privatisiert. Die großen internationalen Marken (Dior, Louis Vuitton, Chanel, Adidas usw.) sind heute in seinen zahlreichen Luxusboutiquen zu finden. Es gibt in Russland noch ein weiteres großes zentrales Kaufhaus, das ZUM (ЦУМ: Центральный универсальный магазин), das aus der Sowjetzeit stammt; hier findet man vorwiegend einheimische Waren.

9   гораздо: das Adverb wird oft zur Verstärkung eines Komparativs eingesetzt und mit *viel* oder *sehr* übersetzt.

17   они по уши в долгах (wörtlich *sie stecken bis über beide Ohren in Schulden*); ухо: *das Ohr* bildet einen unregelmäßigen Plural уши, ушей...; <u>по</u> + Akkusativ *bis*. Beachten Sie, dass bei der Wortverbindung по уши die Präposition und nicht das Substantiv die Betonung trägt .

21   итог: *die Bilanz, das Resultat, die Gesamtsumme*; итого: *insgesamt*.

УПРАВЛЕНЧЕСКИЙ БАЛАНС ПРЕДПРИЯТИЯ Verwaltungsbilanz des Unternehmens	
АКТИВЫ	AKTIVA
Денежные средства	Geldmittel
Краткосрочные финансоые вложения	Kurzfristige Finanzanlagen
Дебиторы	Debitoren
Основные средства	Grundkapital
Оборотные средства	Umlaufvermögen
Счета персонала	Personalkonten
Инвестиции	Investitionen
Капвложения	Kapitalanlagen
Расходы будущих периодов	Ausgaben für künftige Zeiträume
Нематериальные активы[1]	Immaterielle Vermögensgegenstände
ПАССИВЫ	PASSIVA
Собственный капитал	*Eigenkapital*
Уставный капитал	Gesellschaftskapital
Резервы	Rückstellungen
Нераспределённая прибыль	Nicht ausgeschütteter Gewinn
Убытки	Verluste
Обязательства	*Verbindlichkeiten*
Краткосрочные кредиты банков	Kurzfristige Bankkredite
Краткосрочные займы	Kurzfristige Anleihen
Счета торговые к оплате	Verbindlichkeiten aus Lieferungen und Leistungen
Счета зарплаты[2]	Gehaltskonten
Начисления налоговые	Steuerschulden
Выплаты по долгосрочным долгам	Tilgung langfristiger Schulden

1. объекты интеллектуальной собственности, репутация предприятия (гудвилл) … *Objekte des geistigen Eigentums, Reputation des Unternehmens (goodwill)* …

2. текущий счёт, через который фирма производит выплаты своим служащим (*das laufende Geschäftskonto, über das das Unternehmen die Entlohnung seiner Angestellten abwickelt*).

1 Welche Pläne haben Sie für dieses Jahr?

2 Wir wollen eine die ganze Nation betreffende Kampagne starten.

3 Eine unserer Prioritäten ist, das Netz zu erweitern.

4 Wir werden mit der vollständigen Erneuerung unserer Produkt-
linie beginnen.

5 Unser Ziel ist es, die Spesen zu kürzen.

6 Unsere Firma plant nicht, neue Mitarbeiter einzustellen.

7 Wir haben vor, bei den Quellen für die Lieferung Abwechslung
zu schaffen.

8 Wir müssen unsere Arbeitskraft neu verteilen.

9 Sie bemühen sich, die Fluktuation / den turn-over des Personal-
bestands zu minimieren.

10 Wir haben beschlossen, das Budget für die Schulung des Personals zu erweitern.

11 Wir wollen eine Seite im Internet einrichten.

16B ПЛАНЫ

1 Какие у вас планы на этот год?
Kakije u was plany na etot god?

2 Мы собираемся начать общенациональную кампанию.
My sobirajemsja natschat obschtschenazionalnuju kampaniju.

3 Один из наших приоритетов – расширить нашу сеть.
Odin is naschich prioritetow – rasschirit naschu set.

4 Мы начнём полностью обновлять нашу товарную линию.
My natschnjom polnostju obnowljat naschu towarnuju liniju.

5 Наша цель – сократить накладные расходы.
Nascha zel – sokratit nakladnyje raßchody.

6 Наша фирма не планирует принять на работу новых
сотрудников.
Nascha firma ne planirujet prinjat na rabotou nowych sotrudnikow.

7 Мы намерены разнообразить источники поставок.
My namereny rasnoobrasit istotschniki postawok.

8 Нам придётся перераспределить нашу рабочую силу.
Nam pridjotsja pereraspredelit naschu rabotschuju silu.

9 Они стараются минимизировать текучесть кадров.
Oni starajutsja minimisirowat tekutschest kadrow.

10 Мы приняли решение увеличить бюджет на обучение
персонала.
My prinjali reschenije uwelitschit bjudshet na obutschenije personala.

11 Мы хотим создать сайт в интернете.
My chotim sosdat sait w internete.

12 Unsere Körperschaft muss ihr Computer-Steuersystem modernisieren.

13 Es wurde beschlossen, beträchtliche Summen in innovative Projekte zu investieren.

14 Für die Gründung eines Gemeinschaftsunternehmens müssen sie neue Partner finden.

15 Unsere Firma ist an einer dauerhaften Zusammenarbeit interessiert.

16 Wir haben die Absicht, neue Technologien einzuführen, um die Produktion zu steigern.

17 Sie haben beschlossen, aggressivere Strategien für das Vordringen auf aussichtsreiche Märkte auszuarbeiten.

18 Wir müssen auf die neuen Herausforderungen der Globalisierung antworten.

19 Sie ziehen es vor, Büroräume im Geschäftsviertel zu mieten.

20 Sie träumt davon, ihr eigenes Geschäft zu gründen.

12 Наша корпорация должна модернизировать свою
    компьютерную систему управления.
    Nascha korporazija dolshna modernisirowat swoju
    kompjuternuju sistemu uprawlenija.

13 Решено инвестировать значительные суммы
    в инновационные проекты.
    Rescheno inwestirowat snatschitelnyje summy
    w innowazionnyje proekty.

14 Им необходимо найти новых партнёров для создания
    совместного предприятия.
    Im neobchodimo naiti nowych partnjorow dlja sosdanija
    sowmestnowo predpijatija.

15 Наша фирма заинтересована в долговременном
    сотрудничестве.
    Nascha firma sainteresowana w dolgowremennom sotrudnitschestve.

16 В наших намерениях – внедрить новые технологии
    с целью повышения производства.
    W naschich namerenijach – wnedrit nowyje technologii
    s zelju powyschenija proiswodstwa.

17 Они решили разработать более агрессивную стратегию
    проникновения на перспективные рынки.
    Oni reschili rasrabotat boleje agressiwnuju strategiju
    proniknowenija na perspektiwnyje rynki.

18 Мы должны отвечать на новые вызовы глобализации.
    My dolshny otwetschat na nowyje wysowy globalisazii.

19 Они предпочитают арендовать офисные помещения
    в деловом квартале.
    Oni predpotschitajut arendowat ofisnyje pomeschtschenija
    w delowom kwartale.

20 Она мечтает создать своё собственное дело.
    Ona metschtajet sosdat swojo sobstwennoje delo.

1   Ableitungen von dem Wort план (1. *Plan* • 2. *Projekt, Programm*):
    пл**а**новый: 1. *Plan-, geplant* • 2. *projektiert, programmiert, vorhergesehen*
    план**и**ровать: 1. *planen* • 2. *projektieren, vorhersehen*
    план**и**рование: *die Planung*
•   Verschiedene Arten von Plänen:
    der Geschäftsplan (Businessplan): б**и**знес-план
    der Operativplan: операт**и**вный план
    der Finanzierungsplan: план финанс**и**рования
    der Investierungsplan: план инвест**и**рования
    der Rechnungs-, Buchführungsplan: сч**ё**тный план
    der Sanierungsplan: план восстановл**е**ния
    der Fünfjahresplan: пятил**е**тка
    <u>Zur Erinnerung:</u> Nach der Einführung des ersten Fünfjahresplans
    im Jahr 1928 schuf die UdSSR 1929 *den Gosplan* (Государственный
    пл**а**новый комит**е**т: *Das Staatskomitee für Planung*), eine Abteilung,
    die mit der Wirtschaftsplanung beauftragt war.

2   1   собир**а**ться/собр**а**ться, gefolgt vom Infinitiv: *sich bereitmachen zu, sich
        fertig machen, anschicken* (Redewendung *seine Sachen packen, um zu*).
        Dieses Verb fungiert als Hilfsverb, um anzuzeigen, was man zu tun beab-
        sichtigt. Beispiel: Я собир**а**юсь уход**и**ть: *Ich beabsichtige, wegzugehen.*

    2   общенацион**а**льный: *auf Landesebene, das ganze Land betreffend.*
        Dieses Adjektiv ist zusammengesetzt aus den Adjektiven **о**бщий:
        (all)umfassend und национ**а**льный: *national*. Vergleichen Sie
        общеросс**и**йский: *ganz Russland betreffend.*

5   Für *die allgemeinen Unkosten* gibt es auch **о**бщие расх**о**ды.

6   прин**я**ть на раб**о**ту: das ist der geläufigste Ausdruck für die Über-
    setzung von *einstellen* (die gleiche Bedeutung, allerdings offizieller,
    hat нан**я**ть на раб**о**ту); *die Anstellung*: при**ё**м (на**ё**м) на раб**о**ту; *das
    Stellenvermittlungsbüro*: аг**е**нтство зан**я**тости; *Agenturen für Zeitar-
    beit*: аг**е**нтства по вр**е**менному трудоустр**о**йству. Wenn es sich um
    Führungskreise handelt, gibt es *die Rekrutier-Firma*: рекрут**и**нговая
    (рекр**у**тская) ф**и**рма; *die Kopfjäger (headhunters)*: ох**о**тники за
    голов**а**ми, ф**и**рмы по п**о**иску руковод**и**телей в**ы**сшего звен**а**.

7   Neben разнообр**а**зить gibt es auch *diversifizieren*: диверсифиц**и**ровать,
    das man in Redewendungen antrifft, wie диверсифиц**и**ровать сво**ю**
    д**е**ятельность: *seine Tätigkeit abwechslungsreich gestalten* oder диверси-
    фиц**и**ровать портф**е**ль ц**е**нных бум**а**г: *einen Wertpapierbestand diver-
    sifizieren*; *die Diversifikation*: диверсифик**а**ция.

8 1 нам придётся: *wir sind gezwungen, wir müssen.* Beachten Sie die unpersönliche Redewendung sowie die Konstruktion mit dem Infinitiv und dem Dativ der betreffenden Person.

    2 перераспределить: *umverteilen:* gebildet mit Hilfe der Vorsilbe <u>пере</u> (hier in der Bedeutung: eine Tätigkeit in aufeinanderfolgenden Etappen wieder aufnehmen) und des Verbs распределить: *verteilen, zuteilen; die Neu-, Umverteilung:* перераспределение.

9 1 минимизировать: *minimieren,* entlehnt aus dem Französischen *minimiser.* Ebenso gibt es оптимизировать: *optimieren,* автоматизировать: *automatisieren,* информатизировать: *informatisieren,* модернизировать: *modernisieren* usw. Das produktive Suffix <u>изировать</u> wird verwendet, um Fremdwörter zu transponieren.

    2 текучесть кадров: *Fluktuation des Personalbestands (turn-over).* Es ist zu unterscheiden von мобильность oder подвижность: *die Mobilität.*

13 инновационный: *innovativ,* von инновация: *die Innovation.*

14 совместное предприятие (с/п): *Gemischtes Unternehmen, Joint Venture, das Gemeinschaftsunternehmen.*

15 1 сотрудничество: *die Zusammenarbeit, die Kooperation,* mit <u>с</u> (<u>со</u>) *mit* und труд: *die Arbeit;* научно-техническое сотрудничество: *die wissenschaftlich-technische Zusammenarbeit.* Das Wort кооперация wird eingesetzt, um eine Arbeitsorganisation zu bezeichnen: кооперация в машиностроении: *die Kooperation im Bereich Maschinenbau.*

    2 долговременный: ein zusammengesetztes Adjektiv, dessen zweiter Wortteil nominalen Ursprungs ist (время: *die Zeit*). Vergleichen Sie долгосрочный: *langfristig* (срок: *die Frist*).

16 с целью: *um zu, im Hinblick auf, gefolgt von einem Genitivobjekt* . Vergleichen Sie в целях: *zwecks.*

17 проникновение, gebildet mit dem Verb проникать/проникнуть: *durchdringen,* ist hier Synonym von завоевание: *die Eroberung, der Sieg.*

1 Eine Zeichnung ist so wertvoll wie tausend Worte (Sprichwörtlich: Einmal gesehen ist besser als tausendmal studiert).

2 Die visuelle Komponente ist zu einem unverzichtbaren Bestandteil einer jeden Konferenz geworden.

3 Die Exposition verläuft in angemessenen, gut ausgestatteten Sälen.

4 Die Bilder werden direkt vom Computer auf den Bildschirm übertragen.

5 Es wird ein Multimedia-Projektor benötigt.

6 Unterhalb des Bildes kann man einen schmalen schraffierten Streifen erkennen.

7 Oberhalb des Bildes ist die Überschrift mit weißen Buchstaben auf dunklen Hintergrund geschrieben.

8 Die krummen Linien zeigen die Veränderung der Anzahl der Elektronen an.

9 Unser Animationsschema demonstriert anschaulich alle Stadien der Produktion.

10 Helfen Sie dabei, die folgende Tabelle zu ergänzen.

11 Der Code ist aus der ersten Spalte der zweiten Tabelle in die erste Spalte der ersten Tabelle zu übertragen.

1 Один рисунок стоит тысячи слов.
Odin risunok stoit tysjatschi slow.

2 Визуальная составляющая стала неотъемлемой частью
любой конференции.
Wisualnaja sostawljajuschtschaja stala neotjemlemoi tschastju
ljuboi konferenzii.

3 Выставка пройдёт в удобных, хорошо оснащённых залах.
Wystawka proidjot w udobnych, choroscho osnaschtschonnych salach.

4 Картинки напрямую транслируются с компьютера на
экран.
Kartinki naprjamuju translirujutsja s kompjutera na ekran.

5 Требуется мультимедийный проектор.
Trebujetsja multimediny proektor.

6 Внизу изображения можно заметить узкую
заштрихованную полосу.
Wnizu isobrashenija moshno zametit uskuju saschtrichowannuju polosu.

7 Вверху изображения имеется надпись белыми буквами на
тёмном фоне.
Wwerchu isobrashenija imejetsja nadpis belymi bukwami na
tjomnom fone.

8 Каскадные кривые показывают изменение числа
электронов.
Kaskadnyje kriwyje pokasywajut ismenenije tschisla elektronow.

9 Наша анимированная схема наглядно демонстрирует все
стадии производства.
Nascha animirowannaja ßchema nagljadno demonstrirujet wse
stadii proiswodstva.

10 Помогите дополнить следующую таблицу!
Pomogite dopolnit sledujuschtschuju tablizu!

11 В первый столбец первой таблицы перенести код из
первого столбца второй таблицы.
W perwy stolbez perwoi tablizy perenesti kod is
perwowo stolbza wtoroi tablizy.

12 Machen wir einen Spaziergang durch die Zellen der Tabelle: wir beginnen, uns von der Zelle 1 oder der Zelle 2 aus zu bewegen und dann werden wir uns nur nach rechts bewegen.

13 Aus dem Organigramm ist klar zu erkennen, wer in der Organisation wen führt, wer wem untergeordnet ist, wer mit wem Hand in Hand arbeitet.

14 Die entsprechende grafische Darstellung zeigt den absoluten erfolgreichen Verlauf oder viel mehr die ungünstige Entwicklung des Handels.

15 Die Venn-Diagramme erhalten die Form sich überschneidender Kreise.

16 Die Muster auf der Fotografie sind zehnfach vergrößert.

17 Sie haben den Algorithmus der Lösung der entsprechenden Schach-Aufgabe vor sich.

18 Jede Etappe des Algorithmus erscheint im Verlauf des Gesprächs mit den Schachspielern auf dem Bildschirm.

19 Auf den Karten mit diesem Maßstab ist die punktierte Linie üblicherweise ein Fußweg und keine Straße.

20 Wir betrachten jetzt an einem Beispiel den Aufbau eines Histogramms.

12 Совершим прогулку по ячейкам таблицы : начнём
движение с ячейки 1 или с ячейки 2 и затем будем
двигаться только вправо.
Sowerschim progulku po jatscheikam tablizy : natschnjom
dwishenije s jatscheiki perwoi ili s jatscheiki wtoroi i zatem budem
dwigatsja tolko wprawo.

13 Из оргсхемы ясно, кто кем в организаци управляет, кто у
кого в подчинении, кто с кем взаимодействует.
Is orgßchemy jasno, kto kem w organisazii uprawljajet, kto u
kowo w podtschinenii, kto s kem wsaimodeistwujet.

14 Данный график показывает абсолютную успешность,
или скорее безуспешность торговли.
Dannyi grafik pokasywajet absoljutnuju uspeschnost,
ili skoreje besuspeschnost torgowli.

15 Диаграммы Венна принимают форму пересекающихся
кругов.
Diagrammy Venna prinimajut formu peresekajuschtschichsja krugow.

16 На снимке образцы показаны с 10-тикратным
увеличением.
Na snimke obraszy pokasany s desjatikratnym uwelitschenijem.

17 Перед вами алгоритм решения данной шахматной задачи.
Pered wami algoritm reschenija dannoi schachmatnoi sadatschi.

18 Каждый этап алгоритма появляется на экране в ходе
беседы с шахматистами.
Kashdy etap algoritma pojawljajetsja na ekrani w chode
besedy s schachmatistami.

19 На картах такого масштаба пунктир обычно – тропа, а не
дорога.
Na kartach takowo masschtaba punktir obytschno – tropa, a ne doroga.

20 Мы теперь рассмотрим пример построения гистограммы.
My teper rassmotrim primer postrojenija gistogrammy.

2 Der Terminus составляющая *die Komponente* ist die substantivierte Form des Partizips Präsens des Verbs составлять. Die feminine Endung –ая erklärt sich durch das Nomen, das entfallen ist: часть: *der Teil*, ein Femininum mit weichem Zeichen.

5 Das Adjektiv мультимедийный, zu übersetzen als *Multimedia-*, hat eine normale Endung auf –ый. Es wird wie ein solches Adjektiv dekliniert. *Die Medien*: медиа und *die Massenmedien*: масс -медиа, Substantive fremden Ursprungs auf einen Vokal, werden dagegen nicht dekliniert.

6 *Beschreibung des Bildes*: описание изображения ◆ *oben links*: вверху слева ◆ *oben rechts*: вверху справа ◆ *in der Mitte*: в центре ◆ *rechts von der Mitte*: справа от центра ◆ *unten links*: внизу слева ◆ *unten rechts*: внизу справа ◆ *oben auf der Seite*: вверху страницы ◆ *bei der Mitte ist ein weißer Punkt zu sehen:* около центра видно белое пятно ◆ *der Name des Autors steht rechts*: фамилия автора располагается справа.

8 кривые *die Kurven*. Beispiel: *die Glockenkurve*: кривая колокола. *Einige Lehrer ordnen ihre Bewertungen in Form einer Glockenkurve an*: Некоторые преподаватели проставляют оценки по „кривой колокола".

9 *animiert*: анимированный, ein neu aufgekommenes Adjektiv, modern und sehr aktuell im Internet: анимированный баннер: *animiertes Banner*. ◆ Für *die animierte Zeichnung* (Film): gibt es „мультипликационный фильм (мультфильм)", die Abkürzung erklärt sich durch das Herstellungsverfahren.

11 Die Tabelle und ihre Elemente: таблица: *die Tabelle* ◆ столбец: *die Spalte* ◆ строка: *die Zeile* ◆ ячейка: *die Zelle* ◆ содержимое ячейки: *der Inhalt der Zelle* ◆ фоновый цвет: *die Farbe des Hintergrunds*.

13 оргсхема: *das Organigramm* ist ein Akronym, das mit dem Fragment eines Adjektivs und mit einem kompletten Nomen gebildet wird организационная схема: *der Organisationsplan*.

Anmerkungen zum Histogramm • Beispiel des Histogramms MACD

Гистограмма (от греч. *histos*, здесь *столб* и *грамма*)

Histogrammm (vom Griechischen *histos,* hier *Säule* und *Gramm*)

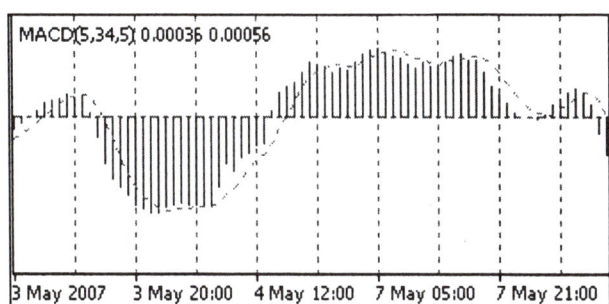

Гистограмма представляет собой совокупность смежных прямоугольников, построенных на одной прямой.

Das Histogramm stellt die Gesamtheit der aneinanderliegenden Rechtecke dar, die auf einer gemeinsamen Geraden angeordnet sind .

MACD (Moving Average Convergence / Divergence)
Метод конвергенции / дивергенции
Die Konvergenz-/Divergenz-Methode

MACD-гистограмма

даёт более глубокое понимание баланса сил между „быками" и „медведями", чем первоначальный MACD. Она показывает не только то, кто, „быки" или „медведи", контролирует ситуацию, но и кто становится или сильнее или слабее. Это один из лучших инструментов, доступных при технологическом анализе рынка.

Das Histogramm MACD vermittelt ein gründlicheres Verständnis des Gleichgewichts der Kräfte zwischen den „Stieren" und den „Bären" als das ursprüngliche MACD. Es zeigt nicht nur an, wer von den „Stieren" oder den „Bären" die Situation kontrolliert, sondern auch wer stärker und wer schwächer wird. Es ist eines der besten derzeit zugänglichen Mittel für die technologische Analyse des Marktes.

Другие виды графиков: „голова и плечи", „крестики-нолики", „японские свечи".

Andere Arten von Grafiken: „Kopf und Schultern", „Kreuze-Punkte", „Japanische Kerzen".

1 Das Projekt ist zu 85 % realisiert.

2 Das Lohnniveau ist um etwa 3,6 % gewachsen.

3 Bereits im Jahr 2000 haben wir den Internetzugang über das Breitbandnetz vorgesehen.

4 Das Produktionsvolumen dieses Warentyps ist in 50 Regionen gewachsen.

5 25.000 junge Familien sollen Wohnraum erhalten.

6 Der Durchschnittsbürger kann in einem Jahr den Wert von 1,12 Quadratmeter sparen.

7 Die Prozentsätze für Kredite sind auf 3% – anstelle der früheren 5% – gesenkt worden.

8 Die ersten beiden Positionen aus unserem Auftrag Nr. 25 haben wir erhalten.

Zur Wiederholung: Die Ordinal- oder Ordnungszahlwörter

один два, две три четыре пять шесть семь восемь девять десять

11 → одиннадцать двенадцать тринадцать четырнадцать пятнадцать шестнадцать семнадцать восемнадцать девятнадцать

1 Проект реализован на 85% (восемьдесят пять) процентов.
Projekt realisowan na wosemdesjat pjat prozentow.

2 Уровень оплаты труда вырос примерно в 3,6
(три целых(и) шесть десятых) процента.
Urowen oplaty truda wyros primerno w tri zelych pjat desjatich prozenta.

3 В 2000 (двухтысячном) году мы уже планировали
подключиться к широкополосному Интернету.
W dwuchtysjatschnom godu my ushe planirowali
podkljutschitsja k schirokopolosnomu Internetu.

4 Объёмы производства товаров этого вида продукции
увеличились в 50 (пятидесяти) регионах.
Objomy proiswodstwa towarow etowo vida produkzii
uwelitschilis w pjatidesjati regionach.

5 25 (двадцать пять) тысяч молодых семей должны
получить жильё.
Dwadzat pjat tysjatsch molodych semei dolshny polutschit shiljo.

6 Средний гражданин может накопить за год на 1,12 (один и
двенадцать сотых) квадратного метра.
Srednii grashdanin moshet nakopit sa god na odin
dvenadzat sotych kwadratnowo metra.

7 Процентные ставки по кредитам снижены до 3% (трёх
процентов) вместо прежних 5 % (пяти) процентов.
Prozentnyje stawki po kreditam snisheny do trjoch
prozentow wmesto preshnich pjati prozentow.

8 Получены первые две позиции нашего заказа № 25
(под номером двадцать пять).
Polutscheny perwyje dwe posizii naschewo sakasa
pod nomerom dvadzat pjat.

20	→	двадцать тридцать сорок пятьдесят шестьдесят семьдесят восемьдесят девяносто
100	→	сто двести триста четыреста пятьсот шестьсот семьсот восемьсот девятьсот тысяча миллион миллиард

9 Seit der Übersendung unserer Mahnung bezüglich der von Ihnen nicht fristgemäß ausgeführten Bestellung sind 19 Tage vergangen.

10 Wie viel wiegt ¾ Liter Kerosin?

11 In Russland blieb die slawische Nummerierung bis zum Ende des 17. Jahrhunderts erhalten.

12 Der gegebene Streckenabschnitt AB ist zu halbieren.

13 Die aktualisierten Zahlen sind in der Anlage aufgeführt.

14 Geben Sie dann die zehnstellige Telefonnummer an.

15 Die Handelsgesellschaft hat beschlossen, fast 41.000 ihrer Autos, bei denen ein defekter Airbag festgestellt wurde, aus dem Verkehr zu ziehen.

16 Sie bestellte sich ein halbes Dutzend Austern.

17 Die Zahl der Unfälle auf der Straße ist im Jahr 2006 bedeutend gesunken.

Zur Wiederholung: Die Orthografie der Kardinalzahlen

первый второй третий четвёртый пятый шестой
седьмой восьмой девятый десятый одиннадцатый
двенадцатый тринадцатый четырнадцатый
пятнадцатый шестнадцатый семнадцатый

9 Прошло 19 (девятнадцать) дней с тех пор, как мы выслали
   Вам наше напоминание о невыполненном в срок заказе.
   Proschlo dewjatnazat dnei s tech por kak my wyslali
   wam nasche napominanije o newypolnenom w srok sakase.

10 Сколько весят ¾ (три четверти) литра керосина?
   Skolko wesjat tri tschetverti litra kerosina ?

11 В России славянская нумерация сохранилась до конца
   семнадцатого века.
   W Rossii slawjanskaja numirazija sochranilas do konza
   semnadzatowo weka.

12 Разделить данный отрезок АВ пополам.
   Rasdelit danny otresok ab popolam.

13 В приложении представлены актуализированные цифры.
   W priloshenii predstawleny aktualisirowannyje zifry.

14 Затем укажите десятизначный номер телефона.
   Satem ukashite desjatisnatschny nomer telefona.

15 Компания приняла решение отозвать почти 41 000
   (сорок одну тысячу) своих автомобилей, у которых
   выявлен дефект надувной подушки безопасности.
   Kompanija prinjala reschenije otoswat potschti
   sorok odnu tysjatschu swoich awtomobilei, u kotorych
   wyjawlen defekt naduwnoi poduschki besopasnosti.

16 Она заказала себе полдюжины устриц.
   Ona sakasala sebe poldjushiny ustriz.

17 Количество дорожных аварий за 2006 (две тысячи
   шестой) год значительно снизилось.
   Kolitschestwo doroshnych avarii sa dwe tysjatschi
   schestoi god snatschitelno snisilos.

восемнадцатый девятнадцатый двадцатый тридцатый
сороковой пятидесятый шестидесятый девяностый
сотый двухсотый трёхсотый четырёхсотый пятисотый
шестисотый семисотый восьмисотый девяностый
тысячный двухтысячный. миллионный. миллиардный

2 Im Russischen wird bei den Dezimalzahlen das Komma nur selten genannt. Man muss die Zahl also in ihre Bestandteile aufgliedern. 3,6: три це́лых (и) шесть деся́тых (*drei Ganze (und) 6 Zehntel*).

3 Im Jahr 2000 spricht man im „zweitausendsten" und dekliniert es wie ein Qualitätsadjektiv.

4 1 Für die Zehner gilt, dass beide Teile der Zahl dekliniert werden. 50, 60, 70, 80, im Genitiv schreibt man also пяти́десяти, шести́-десяти, семи́десяти, восьми́десяти. Die Betonung liegt auf dem Ende des ersten Teils. Für die Hunderter als Beispiel der Genitiv von 400: четырёхсо́т.

  2 Die 50 Gebiete, deren Anzahl hier von Bedeutung ist, spielen auf die Subjekte der Russischen Föderation an; es gibt insgesamt 89 dieser Subjekte. Zu den Föderationssubjekten gehören: 21 *Republiken,* 6 *Regionen* (край), 50 *Gebiete* (о́бласть), 10 *autonome Kreise* (о́круг). Hinzu kommen 2 Städte föderalen Ranges, Moskau und Sankt Petersburg. An der Spitze eines Gebietes steht ein *Gouverneur:* губерна́тор.

6 *Der hundertste,* со́тая, wie *der zehnte,* деся́тая, hat eine feminine Endung, weil das weggefallene Nomen до́ля: *der (An)teil* ist. Der *Tausendste* ist ты́сячная.

10 Die *Bruchzahlen:* дро́би: die einfachsten sind: одна́ втора́я, полови́на: ½ • одна́ тре́тья, треть (f): ⅓ • одна́ четвёртая, че́тверть (f): ¼ • пя́тая: ⅕ usw. Wie die Dezimalzahlen, so haben die adjektivischen Ordnungszahlen konsequent eine feminine Endung.

12 попола́м ist ein sehr geläufiges Adverb, es bedeutet *in zwei gleichen Teilen.* Man sagt beispielsweise заплати́ть за у́жин попола́м: *das Abendessen zu gleichen Teilen (halbe-halbe) bezahlen,* also allgemein gesprochen: *die Kosten teilen.* Die Wurzel von diesem Wort ist пол (bedeutet halb, Hälfte). Das distributive Präfix по regiert den Dativ.

Syntax der Zahlwörter

1 Die Ordinalzahlen: Adjektive, sie folgen der normalen Deklination auf -ый/ой, -ая, -ое, -ые.
Achtung! Die weiche Endung von тре́тий, тре́тья, тре́тье, тре́тьи.

2 Die Kardinalzahlen:
  • *Im Fall des direkten unabhängigen Kasus regiert die Zahl den Kasus:*
  · 2, 3, 4 stehen mit dem Genitiv Singular (Bsp.: два това́рища).
  · 5 und die nachfolgenden Zahlen stehen mit dem Genitiv Plural. Bei mehrgliedrigen Kardinalzahlwörtern wird der Kasus durch die letzte Komponente bestimmt.

- *Im Fall des obliquen oder abhängigen Kasus ist das Substantiv bestimmend:*
  Bsp.: с двумя товарищами
- 1 *(один)*, richtet sich, wie alle Adjektive, im Genus und Kasus nach dem Substantiv, auf das es sich bezieht: с одним товарищем.

- <u>Anmerkung</u>: Im Hinblick auf die unbequeme Deklination langer Zahlenketten wählt der Muttersprachler Redewendungen, die es ihm erlauben, den Nominativ (oder den Akkusativ) zu verwenden.

- ■ *Zur Morphologie der Zahlwörter:*
  - один, vgl. die Deklination der Adjektive S. 160.
  - два *m* und *n* две *f*, N/G, двух, двум, двумя, двух
  - три, N/G, трёх, трём, тремя, трёх
  - четыре, N/G, четырёх, четырём, четырьмя, четырёх
  - пять, N/G, пяти, пяти, пятью, пяти sowie alle anderen Zalen, die auf ein weiches Zeichen enden
  - сорок, *сорока,* девяносто, *девяноста,* сто, *ста*: allgemeine Form auf <u>a</u> beim obliquen Kasus für diese drei Zahlen
  - оба, N/G, обоих, обоим, обоими, обоих (*beide,* maskuline Form):
    оба брата: *(die) beide(n) Brüder*
    обе, N/G, обеих, обеим, обеими, обеих (*beide,* feminine Form):
    обеими руками: *mit beiden Händen.*

- ■ *Zu den kollektiven Zahlwörtern:*
  - Es handelt sich um eine begrenzte Gruppe (von 2 bis 10), die aber sehr viel verwendet wird:
    двое, трое, четверо, пятеро, шестеро, семеро, восьмеро, девятеро, десятеро (ab 8 selten gebraucht).

  - Deklination:
    2-3: двое, N/G двоих, двоим, двоими, двоих
    4 und +: четверо, четверых, четверым, четверыми, четверых
    Bsp.: Нас было двое: *Wir waren zu zweit.* У них трое детей:
    Sie haben drei Kinder. Двое ножниц: *zwei Scheren.*

1 Ich denke, dass Sie recht haben.

2 Ich bin vollkommen einverstanden.

3 Sie können damit rechnen, dass Ihr Projekt unterstützt wird.

4 Ich stimme Ihnen voll und ganz zu.

5 Ich unterstütze diesen Vorschlag sehr gern.

6 Das ist uns vollkommen recht.

7 Ich bin glücklich, dass wir mit unseren Meinungen darin übereinstimmen.

8 Ich bin froh, dass wir ein gegenseitiges Einverständnis erzielt haben.

9 Sind wir damit einverstanden?

10 Abgesprochen! Einverstanden! Gut! Ich habe nichts dagegen.

11 Das ist ein zufriedenstellender Kompromiss.

12 Ich bin nicht überzeugt, dass unser Direktor Ihrer Auswahl zustimmt.

13 Ich teile Ihre Überzeugung ganz und gar nicht.

1 Я думаю, что вы правы.
Ja dumaju, tschto wy prawy.

2 Я вполне согласен.
Ja wpolne soglasen.

3 Вы можете рассчитывать на поддержку вашего проекта.
Wy moshete rasstschityvat na poddershku waschewo projekta.

4 Я вам выражаю моё полное одобрение.
Ja wam wyrashaju mojo polnoje odobrenije.

5 Я охотно поддерживаю это предложение.
Ja ochotno poddershiwaju eto predloshenije.

6 Это нам вполне подходит.
Eto nam wolne podchodit.

7 Я счастлив, что наши мнения в этом сходятся.
Ja stschastliw, tschto nachi mnenija w etom ßchodjatsja.

8 Я рада, что мы пришли к согласию.
Ja rada, tschto my prischli k soglasiju.

9 В этом мы согласны ?
V etom my soglasny ?

10 Договорились! Согласны! Хорошо! Не возражаю.
Dogoworilis! Soglasny! Choroscho! Ne wosrashaju.

11 Это удовлетворительный компромисс.
Eto udowletworitelny kompromiss.

12 Я не уверен, что наш директор одобрит ваш выбор.
Ja ne uweren, tschto nasch direktor odobrit wasch wybor.

13 Я совсем не разделяю ваше убеждение.
Ja sowsem ne rasdeljaju wasche ubeshdenije.

14 Sie haben mich ganz und gar nicht überzeugt.

15 Wir hoffen, dass Sie Ihre Entscheidung ändern.

16 Ich schwanke, ich kann mich nicht entschließen. Ich nehme Abstand davon.

17 Das gefällt mir gar nicht. Es verwirrt mich.

18 In diesem Punkt bin ich mit Ihnen nicht ganz einverstanden.

19 Dieser Vorschlag bringt viele Schwierigkeiten.

20 Erlauben Sie mir, dass ich nicht Ihrer Meinung bin.

21 Ich kann nicht sagen, dass ich Ihren Standpunkt teile.

22 Ich bin leider gezwungen, Ihren Vorschlag abzulehnen.

23 Ich bin entschieden gegen dieses Projekt.

14 Вы меня совсем не убедили.
Wy menja sowsem ne ubedili.

15 Мы надеемся, что вы измените ваше решение.
My nadejemsja, tschto wy ismenite wasche reschenije.

16 Я колеблюсь, я не решаюсь. Я воздерживаюсь.
Ja kolebljus, ja ne reschajus. Ja wosdershiwajus.

17 Мне не очень это нравится. Это меня смущает.
Mne ne otschen eto nrawitsja. Eto menja smuschtschajet.

18 Я в этом с вами не совсем согласен.
Ja w etom s wami ne sowsem soglasen.

19 Это предложение вызывает много затруднений.
Eto predloshenije wysywajet mnogo satrudnenii.

20 Позвольте мне с вами не согласиться.
Poswolte mne s wami ne soglasitsja.

21 Я не могу сказать, что разделяю вашу точку зрения.
Ja ne mogu skasat, tschto rasdeljaju waschu totschku srenija.

22 К сожалению, я вынужден отказаться от вашего предложения.
K soshaleniju, ja wynushden otkasatsja ot waschewo predloshenija.

23 Я категорически против этого проекта.
Ja kategoritscheski protiw etowo projekta.

2 согласен, –сна, –сно, –сны: *einverstanden sein mit*. Im Hinblick auf die Person, die ihr Einverständnis gibt: Она с вами согласна: *Sie ist mit Ihnen/Euch einverstanden*. Nur die Kurzform ist hier möglich. Die negative Wendung: zwei Möglichkeiten: Она не согласна und, als ein Wort, Она несогласна (s. die Kapitelüberschrift согласен/несогласен).

5 поддерживать/поддержать: *unterstützen, zur Hilfe kommen*. Dieses Verb, das dem Französischen nachempfunden wurde, wird mit dem Präfix под: *unter* + dem Verb держать: *halten* gebildet. • Das Substantiv: поддержка: *die Unterstützung, die Hilfe*.

8 согласие: *die Einwilligung, die Zustimmung, die Übereinstimmung, das Einvernehmen*. Dieselbe Wurzel hat: соглашение: *die Übereinstimmung, die Vereinbarung/Entente* (Anm.: diese Wurzel глас: *die Stimme*, der ein с: *mit* vorangestellt ist, zeigt tatsächlich die Übereinstimmung, den Akkord der Stimmen an).

10 договорились: до, die Vorsilbe zu говорить: *sprechen* bildet das perfektive Präteritum, das ein Resultat anzeigt: *wir haben so lange gesprochen, bis wir uns verstanden haben*.

12 выбор: *die Wahl* < выбирать/выбрать: *wählen*; выборы (Plural): *die Wahlen*.

14 убеждать/убедить: *überzeugen* (Anm.: das Partizip Präteritum Passiv auf жд ist ein Erbe aus dem Altslawischen). Я убеждён вашей речью: *Ihre Rede hat mich überzeugt*. Das imperfektive убеждать hat ebenso wie das Substantiv убеждение: *die Überredung, die Überzeugung* diese slawische „Erscheinung". Von „russischer Seite" gibt es nur den Konsonanten д: убедить. • убедительный: *überzeugend* • убедительный довод: *ein überzeugendes Argument* • убедительно: *auf eine überzeugende Art und Weise*.

15 надеяться: *hoffen*, надежда: *die Hoffnung*, надёжный: *sicher, worauf man zählen, sich verlassen kann*. Hier ist zu bemerken, dass Надежда ein in Russland sehr verbreiteter weiblicher Vorname ist. Im Deutschen kennt man ihn als *Nadja* (vgl. die theologischen Tugenden: *Glaube, Hoffnung und Liebe* – Вера, Надежда и Любовь –, Вера und Любовь sind ebenfalls weibliche Vornamen).

16 колебаться: *schwanken, zögern, erschüttert sein* (im direkten und übertragenen Sinn), das reflexive Verb < колебать/поколебать: *erschüttern*. • Das Substantiv: колебание: *die Schwingung, das Schwanken*. Diese Bedeutung des „Hin- und Herschwankens" findet man auch in dem Wort колыбель: *die Wiege*.

20 соглашаться/согласиться: *einer Sache zustimmen, einverstanden sein.*

22 к сожалению!: *leider!*: к + Dativ von сожаление: *das Bedauern, das Mitleid* • сожалеть *etwas bedauern, bereuen.* Bsp.: сожалеть об ошибках: *seine Fehler bereuen.*

SITTEN UND BRÄUCHE

■ Einen Toast zum Wodka auszusprechen ist in Russland eine Tradition, die die geschäftlichen Verhandlungen begleitet. Eine kleine Anekdote berichtet, dass ein französischer Kunde einen für ihn wichtigen Vertrag verloren hat, weil er den Wodka aus seinem Glas in eine Grünpflanze geschüttet hat. Man darf seine Gäste nicht beleidigen.

• Man hört immer wieder:

Пройдёмте в буфет, чтобы обмыть подписание нашего договора: *Gehen wir zum Buffet, um die Unterzeichnung unseres Vertrages zu begießen.*
обмывать/обмыть kommt von dem Verb мыть: *waschen, befeuchten,* die Vorsilbe о, об bedeutet *rund herum, von allen Seiten.*

■ **Ein Beispiel für gegenseitige Vereinbarungen** wurde Ende Oktober 2006 durch die Presse ins Gedächtnis gerufen: der von den Russen und Volkswagen unterzeichnete Vertrag sieht vor, dass ein Montagewerk der Marken VW und Skoda 2009 in dem Gebiet von Kaluga fertiggestellt wird.

• Ein weiteres Beispiel: Die Vereinbarungen zwischen der BASF und Gazprom, die Mitte Dezember 2007 zu einem wichtigen Projekt, der gemeinsamen Erdgasförderung in Sibirien, führten. Gazprom liefert derzeit rund 40 Milliarden Kubikmeter Erdgas im Jahr nach Deutschland.

■ **Einige sprichwörtliche Redewendungen zum Thema Einverständnis:**

Худой мир лучше доброй ссоры: *Ein magerer Vergleich ist besser als ein fetter Prozess. .*

Хуже всякого глухого, кто не хочет слышать: *Schlimmer als ein Tauber ist derjenige, der nicht hören will.*

Что написано пером, того не вырубишь топором: *Das geschriebene Wort haftet./Schreiben tut bleiben.* (wörtlich: *Was mit der Feder geschrieben wurde, das kannst du mit der Axt nicht heraushacken.*)

Кончил дело, гуляй смело: *Erst die Arbeit, dann das Spiel.*

18B   ENTGEGENKOMMEND / UNNACHGIEBIG

1 In einigen Punkten mache ich Ihnen gerne Zugeständnisse.

2 Ich kann Ihnen nichts abschlagen.

3 Wir sind bereit, diesen Vorschlag vorbehaltlich ... zu prüfen.

4 Bis zu einem gewissen Grad verstehe ich, was Sie sagen wollen.

5 Es wäre leichter für Sie, wenn Sie ...

6 Wir sind bereit, die Hälfte der Arbeit zu übernehmen.

7 Ich verstehe, aber haben Sie in Erwägung gezogen, ...?

8 Wir möchten das überdenken.

9 Wir lassen den Zugang zu ... offen.

10 Wir sind bereit, unseren Vorschlag zu ändern.

11 Sie können sicher sein, dass ich alles, was von mir abhängt, tun werde.

1 Я охотно вам уступаю по некоторым пунктам.
Ja ochotno wam ustupaju po nekotorym punktam.

2 Я ни в чём не могу вам отказать.
Ja ni w tschom ne mogu wam otkasat.

3 Мы готовы рассмотреть это предложение при условии...
My gotowy rassmotret eto predloshenije pri uslowii...

4 До некоторой степени я понимаю, что вы хотите сказать.
Do nekotoroi stepeni ja ponimaju, tschto wy chotite skasat.

5 Было бы легче для нас, если бы вы...
Bylo by legtsche dlja nas, jesli by vy...

6 Мы готовы взять на себя половину работы.
My gotowy wsjat na sebja polowinu raboty.

7 Я понимаю, но приняли ли вы в расчёт...?
Ja ponimaju, no prinjali li wy w rastschjot...?

8 Мы хотели бы обдумать это.
My choteli by obdumat eto.

9 Оставим открытым доступ к...
Ostawim otkrytym dostup k...

10 Мы готовы изменить наше предложение.
My gotowy ismenit nasche predloshenije.

11 Вы можете быть уверены, что я сделаю всё что от меня зависит.
Wy moshete byt uwereny, tschto ja sdelaju wsjo tschto ot menja sawisit.

12 Ich werde auf keinen Fall zustimmen. Ich widerspreche ganz entschieden.

13 Das ist ganz und gar inakzeptabel.

14 Das ist ganz und gar nicht das, was wir erwartet haben, überhaupt nicht.

15 Ich fürchte, dass davon überhaupt nicht die Rede sein kann.

16 Ich sehe keine Veranlassung, dieses Gespräch fortzusetzen.

17 Es scheint uns, dass es unmöglich ist, auf dieser Grundlage Verhandlungen zu führen.

18 Ich denke, dass wir umsonst Zeit verlieren.

19 Unser Direktorenrat wird sich darauf niemals einlassen.

20 Das ist ausgeschlossen. Wir müssen diesen Beschluss ablehnen.

21 Vergessen Sie das! Um nichts auf der Welt!

12 Я ни за что не соглашусь. Я решительно возражаю.
Ja ni sa tschto ne soglaschus. Ja reschitelno wosraschaju.

13 Это абсолютно неприемлемо.
Eto absoljutno neprijemlema.

14 Это совсем не то, что мы ожидали, совсем нет.
Eto sowsem ne to, tschto my oshidali, sowsem net.

15 Я боюсь, что об этом не может быть и речи.
Ja bojus, tschto ob etom ne moshet byt i retschi.

16 Я не вижу никакого повода, чтобы продолжать этот разговор.
Ja ne wishu nikakowo powoda, tschtoby prodolshat etot rasgowor.

17 Нам кажется, что невозможно вести переговоры на этой почве.
Nam kashetsja, tschto newosmoshno westi peregowory na etoi potschve.

18 Я думаю, что мы теряем зря время.
Ja dumaju, tschto my terjajem zrja wrjemja.

19 Наш Совет директоров никогда не пойдёт на это.
Nasch Sowet direktorow nikogda ne poidjot na eto.

20 Это исключено. Нам надо отказаться от этого решения.
Eto iskljutscheno. Nam nado otkasatsja ot etowo reschenija.

21 Забудьте об этом! Ни за что на свете!
Sabudte ob etom! Ni sa tschto na swete!

1   1   по не́которым пу́нктам: не́который, indeterminiertes Pronomen, gebildet mit der Partikel не, die immer betont ist, sie ist dem Relativ-, bzw. Interrogativpronomen кото́рый vorangestellt und verleiht ihm die Bedeutung von Unbestimmtheit: *einige, ein gewisser.* С не́которых пор: *seit einer gewissen Zeit,* не́которым о́бразом: *gewissermaßen* sind geläufige Begriffe.

Man kann auch sagen:

У нас не́который о́пыт: *Wir haben eine gewisse Erfahrung.*

до не́которой сте́пени (Beispielsatz 4): *bis zu einem gewissen Grad.*

2   я уступа́ю < уступа́ть/уступи́ть: *abtreten, nachgeben*

усту́пчивый: *nachgiebig, entgegenkommend*

неусту́пчивый: *unnachgiebig, stur*

идти́ на усту́пки: *Zugeständnisse machen.*

- Ergänzendes Vokabular, um Vermittlung auszudrücken:

  поддава́ться/подда́ться: *nachgeben, unterliegen*

  договори́ться (Р) о + Lokativ.: *sich verabreden, einig werden*

  подчиня́ться/подчини́ться: *sich unterordnen*

  заключи́ть сде́лку: *ein Geschäft abschließen*

  уме́рить тре́бования: *seine Ansprüche einschränken*

  безусло́вно: *unbedingt*

  без ограниче́ний: *ohne Einschränkung*

  безогово́рочно: *bedingungslos, kompromisslos*

  без исключе́ния: *ohne Ausnahme*

- Um Unnachgiebigkeit, Unversöhnlichkeit auszudrücken:

  оста́ться непоколеби́мым: *unerschütterlich, standhaft bleiben*

  непрекло́нная во́ля: *ein unbeugsamer Wille*

  неумоли́мая ло́гика: *eine unerbittliche Logik*

  неоспори́мый факт: *eine indiskutable Tatsache*

  неопроверж́имые доказа́тельства: *unwiderlegbare Beweise*

  непрело́жная и́стина: *eine unumstößliche, unbestreitbare Wahrheit*

5   ле́гче: *leichter,* Komparativ von легко́: *leicht.* Das Suffix zur Bildung des Komparativs e bewirkt hier den Lautwechsel des Konsonanten, der vor ihm steht. • Die gleiche Bildung des Komparativs ist bei бога́тый → бога́че: *reicher,* дешёвый → деше́вле: *billiger, günstiger.*

8 обду́мывать/обду́мать: *bedenken, überlegen*. Die Bildung dieses Verbs erfolgt mit der Vorsilbe об (о, обо), die, wie in diesem Fall, die Bedeutung *um etwas herum* hat, und dem Verb ду́мать: *denken*: die Aspekte eines Problems in alle Richtungen bedenken, es von allen Seiten prüfen → *überlegen*.

обду́манный: *vorbedacht, gut überlegt*

обду́манно: *nach guter Überlegung*

срок, предоставля́емый на обду́мывание реше́ния: *Bedenkzeit, -frist*.

9 оста́вим *lassen wir das*. Anstelle des Imperativs der 1. Person kennt das Russische eine Form des inklusiven Imperativs, die so genannt wird, weil sie die Person, die spricht, inkludiert. Sie benutzt die erste Person Plural der Präsensform des Futurs des bestimmten Verbs gleich wie die Form des Präsens der unbestimmten Verben: идём: *gehen wir*.

17 Нам ка́жется, нам на́до (s. Beispielsatz 20). Das Russische verwendet gern unpersönliche Ausdrücke: Sofern das Agens wiedergegeben wird, steht es im Dativ. Das Prädikat ist ein Wort, das die Form entweder eines Adverbs auf о oder eines nicht reflexiven Verbs hat, das mit ся verwendet werden kann (nur in der 3. Person des Singulars und des Neutrums, sofern das Verb im Präteritum steht), um die vom Willen der Person, auf die sich diese Aktion bezieht, unabhängige Aktion anzuzeigen.

Bsp.: Ему́ каза́лось невозмо́жным соглаша́ться с собесе́дником: *Es erschien ihm als unmöglich, dem Gesprächspartner zuzustimmen.*

21 1 Забу́дьте: *vergessen Sie*. Der Imperativ von bestimmten Verben mit konsonantischem Stamm wird durch eine einfache Erweichung des am Ende stehenden Stammkonsonanten gebildet. Im vorliegenden Fall muss man wissen, dass die Verben быть: *sein,* забы́ть (perfektive Form von забыва́ть) eine Wurzel auf „д" haben. Die Imperative von быть und von забы́ть sind aber so geläufig, dass es einfach ist, sie zu erinnern.

Бу́дьте добры́...: *Haben Sie die Güte ...* (wörtlich: *Seien Sie so gut*).

Бу́дьте ве́жливы и внима́тельны с клие́нтами: *Seien Sie den Kunden gegenüber höflich und aufmerksam.*

Не забу́дь про меня́: *Vergiss mich nicht* .

2 ни за что на све́те!: *Um nichts in der Welt!*

ни за каки́е де́ньги!: *Um keinen Preis!*

1 Vielen Dank Ihnen allen./ Ihnen allen ein großes Dankeschön.

2 Nehmen Sie den Ausdruck unserer tiefen Dankbarkeit für Ihre Mitarbeit und Ihre Anwesenheit entgegen.

3 Ich danke Ihnen im Namen der Firmenleitung.

4 Erlauben Sie mir, Ihnen im Namen unserer Belegschaft zu danken.

5 Im Auftrag unserer Mitarbeiter darf ich Alexandr Alexandrovitsch unsere Dankbarkeit zum Ausdruck bringen.

6 Insbesondere sind wir Pjotr Alexejevitsch für seine ehrenamtliche Arbeit sehr dankbar.

7 Besonders würdigen wir das Restaurant-Team und danken ihnen allen für ihren engagierten Arbeitseinsatz.

8 Gerade dank Ihnen haben wir diese Ergebnisse erzielt.

9 Ihre Unterstützung hat es uns ermöglicht, in kürzester Zeit die Ziele zu erreichen.

1 Огромное спасибо всем.
Ogromnoje spasibo wsem.

2 Примите выражение нашей глубокой признательности за
ваше сотрудничество и ваше присутствие.
Primite wyrashenije naschei glubokoi prisnatelnosti sa
wasche sotrudnitschestwo i wasche prisustwije.

3 Я вас благодарю от имени руководства фирмы.
Ja was blagodarju ot imeni rukowodstwa firmy.

4 Позвольте мне выразить вам благодарность от имени
нашего коллектива.
Poswolte mne wyrasit wam blagodarnost ot imeni naschewo kollektiwa.

5 По поручению наших сотрудников, выражаю нашу
признательность Александру Александровичу.
Po porutscheniju naschich sotrudnikow, wyrashaju naschu
prisnatelnost Alexandru Alexandrowitschu.

6 В частности мы очень признательны Петру Алексеевичу
за его работу на общественных началах.
W tschastnosti my otschen prisnatelny Petru Alexejewitschu
sa jewo rabotu na obschtschestwennych natschalach.

7 Особенно мы отмечаем и благодарим бригаду ресторана
за усердную работу.
Osobenno my otmetschajem i blagodarim brigadu restorana
sa userdnuju rabotu.

8 Именно благодаря вам, мы добились этих результатов.
Imenno blagodarja wam, my dobilis etich resultatow.

9 Ваша поддержка позволила нам в кратчайшие сроки
добиться цели.
Wascha poddershka poswolila nam w krattschaischije sroki dobitsja zelei.

10 Ihre Teilnahme war für uns von unschätzbarem Wert.

11 Wir haben Ihren Beitrag zu dieser Arbeit gebührend gewürdigt.

12 Wir sind Ihnen sehr verbunden für ...

13 Wir gratulieren Ihnen zur Beförderung!

14 Wir freuen uns, Ihnen zu dieser Gelegenheit ein Geschenk überreichen zu dürfen.

15 Ich bitte Sie wegen der Verspätung um Entschuldigung.

16 Ich entschuldige mich nochmals für ...

17 Herr / Frau X bittet, ihn / sie wegen ... zu entschuldigen.

18 Ich werde an der nächsten Sitzung nicht teilnehmen können.

19 Wegen der derzeit durchzuführenden Umorganisierung unserer Abteilung ist es notwendig, ...

20 Wir müssen die Versammlung, die ursprünglich auf den 8. März festgesetzt war, vertagen.

10 Ваше участие было неоценимым для нас.
Wasche utschastije bylo neozenimym dlja nas.

11 Мы оценили по достоинству ваш вклад в эту работу.
My ozenili po dostoinstwu wasch wklad w etu rabotu.

12 Мы вам очень обязаны за...
My wam otschen objasany sa...

13 Поздравляем вас с повышением!
Posdrawljajem was s powyschenijem!

14 По этому случаю мы рады вручить вам подарок.
Po etomu slutschaju my rady wrutschit wam podarok.

15 Прошу вас извинить меня за опоздание.
Proschu was iswinit menja sa oposdanije.

16 Я вновь приношу извинения за...
Ja wnow prinoschu iswinenija sa...

17 Господин/Госпожа Х просит извинить его/её за...
Gospodin/Gosposha X prosit iswinit jewo/jejo sa...

18 Я не смогу присутствовать на будущем заседании.
Ja ne smogu prisutstwowat na buduschtschem sasedanii.

19 По причине проводимой сейчас реорганизации нашего отдела, необходимо...
Po pritschine prowodimoi seitschas reorganisazii naschewo otdela, neobchodimo...

20 Собрание, первоначально назначенное на восьмое марта, мы вынуждены перенести.
Sobranije, perwonatschalno nasnatschennoje na wosmoje marta, my wynushdeny perenesti.

1 спас**и**бо < спас**и**-бог: wörtlich *Gott rette (dich)!* Beachten sie den Wegfall des letzten Konsonanten.

- Beispiele von Antworten als Dankesbezeigung:

  Пож**а**луйста!: *Bitte! Keine Ursache!* Н**е** за что!: *Keine Ursache!* ну, что вы! *Was Sie nicht sagen! Wo denken Sie hin!*

  Как**и**е пустяк**и**!: *Nichts von Bedeutung! Das macht nichts!*

  Всегд**а** к в**а**шим усл**у**гам: *(Ich stehe) immer zu Ihren Diensten.*

- Sprichwörter in Zusammenhang mit Dankesbezeigungen und Ent-schuldigungen:

  · Не д**о**рог под**а**рок, дорог**а** люб**о**вь: *Liebe/Achtung ist teurer als Geld. Schenke mit dem Herzen.*

  · Спас**и**бо в карм**а**н (за п**а**зуху) не пол**о**жишь: *Mit einem großen Dankeschön allein kann man nichts kaufen.*

  · Дар**ё**ному кон**ю** в зубы не см**о**трят: *Einem geschenkten Gaul schaut man nicht ins Maul.*

  · Пов**и**нную г**о**лову и меч не сеч**ё**т: *Dem Reumütigen wird verzie-hen. Stehe zu deinen Fehlern und es wird dir vergeben.*

3 благодар**и**ть/поблагодар**и**ть: *danken* • благод**а**рный: *dankbar, erkennt-lich* • благод**а**рно, с благод**а**рностью: *mit Anerkennung, mit Dank.*

5 1 выраж**а**ть призн**а**тельность: *seine Erkenntlichkeit zum Ausdruck bringen.* Выраж**а**ть/в**ы**разить ist ein sehr verbreitetes Verb: выраж**а**ть недов**о**льство: *seine Unzufriedenheit zum Ausdruck bringen* • в**ы**разить сво**и** собол**е**знования: *sein Beileid bekunden.* Mit derselben Wurzel gibt es выраж**е**ние: *der Ausdruck* • выраз**и**тельный: *ausdrucksvoll, stark* • выраз**и**тельно: *in einer ausdrucksvollen, -kräftigen Art undWeise.*

2 Алекс**а**ндру Алекс**а**ндровичу, Петр**у** Алекс**е**евичу (Beispiel-satz 6). Außer dem Vornamen (**и**мя) und dem Familiennamen (фам**и**лия), haben die Russen des Weiteren noch einen Vatersnamen (**о**тчество). Der Vatersname wird vom Vornamen des Vaters mit den folgenden Endungen gebildet:

−<u>ович</u> für die Männer, −<u>овна</u> für die Frauen, sofern die Endung des Vornamens hart ist,

−<u>евич</u> für die Männer, −<u>евна</u> für die Frauen, sofern die Endung des Vornamens weich ist.

Folglich: Алекс**а**ндр > Алекс**а**ндрович: *Sohn von Alexander,* Алекс**а**ндровна: *Tochter von Alexander,* П**ё**тр > Петр**о**вич: *Sohn von Peter,* Петр**о**вна: *Tochter von Peter,* Алекс**е**й > Алекс**е**евич: *Sohn von Alexei,* Алекс**е**евна: *Tochter von Alexei.*

Die Vatersnamen werden wie die Substantive dekliniert.

Die Russen benutzen sehr oft die Kombination von Vornamen und Vatersnamen. Es handelt sich hierbei um das offizielle höfliche Ansprechen einer Person. Die Russen unter sich sprechen sich nicht mit dem Familiennamen in Verbindung mit Herr bzw. Frau wie die Deutschen mit z. B. Herr Müller, Frau Meier.

8 благодаря + Dativ: *dank*. Es ist derzeit in den Zeitschriften und Übersetzungen die Tendenz festzustellen, dass Redewendungen, die aus einem Verb und einem direkten Objekt zusammengesetzt sind, dem einfachen Gebrauch der Verben gegenüber bevorzugt werden, wie beispielsweise: выразить благодарность (Beispielsatz 4): *seine Dankbarkeit zum Ausdruck bringen*. Man begegnet ebenso anstelle von желать: *wünschen* выразить желание: *den Wunsch äußern* • решать: *entscheiden* принять решение: *eine Entscheidung treffen* • упрекать: *vorwerfen*, высказать упрёк: *einen Vorwurf machen*.

13 поздравлять/поздравить с + Instrumental: *beglückwünschen, gratulieren* • поздравить с Новым годом: *ein gutes Neues Jahr wünschen* • поздравить с днём рождения: *zum Geburtstag gratulieren* • поздравление *Glückwünsche, Gratulationen*.

15 • Weitere Art und Weise, sich zu entschuldigen:

Прошу прощения: *Ich bitte um Entschuldigung.*

Простите мне эти слова: *Entschuldigen Sie mich, dass ich diese Worte gesagt habe.*

Простите, что опоздал: *Entschuldigen Sie die Verspätung.*

Виноват (m.), Виновата (f.): *Entschuldigung, das ist mein Fehler* (wörtlich: *ich bin schuld*).

Это не по моей вине: *Ich bin daran nicht schuld.*

Не обижайтесь на меня: *Nehmen Sie es mir nicht übel.*

Я не хочу вас обидеть: *Ich will Sie nicht kränken/beleidigen.*

Я жалею, что сказал это: *Ich bedaure, das gesagt zu haben.*

Мне неудобно: *Es ist mir unangenehm.*

• Antworten auf Entschuldigungen:

Ничего страшного: *Das ist nicht schlimm.*

Не стоит об этом говорить: *Es ist nicht der Rede wert.*

Не беспокойтесь: *Seien Sie unbesorgt.*

Да ничего – ничего!: *Das macht (doch) nichts!*

Не выдумывайте: *Machen Sie daraus keine Geschichte.*

1 Ich habe das alles bei der Arbeit gelernt (*Learning by doing*).

2 Ich arbeite seit meinem 18. Lebensjahr.

3 Ich habe eine höhere Handelsschule absolviert.

4 Ich habe ein Praktikum in einer Immobilienagentur gemacht.

5 Ich habe als Verkäufer (Verkäuferin) in einem Buchgeschäft gearbeitet.

6 Ich habe als Kassiererin in einem Supermarkt angefangen.

7 Ich habe mehrere Tätigkeiten nebenberuflich ausgeübt.

8 Ich kenne mich gut in der modernen Verkaufstechnologie aus.

9 Ich bin Spezialist im Bereich Telemarketing.

10 Ich war Abteilungsleiterin der Schuhabteilung.

11 Mir waren etwa 10 Leute untergeordnet.

12 Ich wurde beauftragt, die Abteilung Kundenservice neu zu gestalten.

1 Я всему научился в ходе работы.
Ja wsemu nautschilsja w chode raboty.

2 Я начал работать с 18 лет.
Ja natschal rabotat s wosemnadzati let.

3 Я окончил ведущую бизнес-школу.
Ja okontschil weduschtschuju bisnes-schkolu.

4 Я прошёл стажировку в агентстве недвижимости.
Ja proschol stashirowku v agentstwe nedwishimosti.

5 Я работал(а) продавцом (продавщицей) в книжном магазине.
Ja rabotal(a) prodawzom (prodawschtschizei) w knishnom magasine.

6 Я начинала кассиршей в супермаркете.
Ja natschinala kassirschei w supermarkete.

7 Я работал по совместительству.
Ja rabotal po sowmestitelstwu.

8 Я хорошо знакома с современной технологией продаж.
Ja choroscho snakoma s sowremennoi technologiei prodash.

9 Я специалист по телемаркетингу.
Ja spezialist po telemarketingu (telemarketingu).

10 Я работала заведующей обувным отделом.
Ja rabotala sawedujuschtschei obuwnym otdelom.

11 В моём подчинении находилось человек десять.
W mojom podtschinenii nachodilas tschelowek desjat.

12 Мне поручили реорганизовать отдел по работе с клиентами.
Mne porutschili reorganisowat otdel po rabote s klijentami.

13 Ich war für die Schulung des Personals verantwortlich.

14 Ich habe den Posten des kaufmännischen Direktors innegehabt.

15 Ich war oft auf Dienstreisen.

16 Ich habe drei Jahre in der Buchhaltung gearbeitet.

17 Ich habe mich wiederholt mit der Organisation von Ausstellungen beschäftigt.

18 Ich habe an der Organisation der Arbeit am Stand teilgenommen.

19 Ich bin Kandidat für den Posten des Managers im Bereich Einkauf.

20 Ich habe die Fähigkeit, Menschen zu führen.

21 Es ist mir gelungen, den Verkaufsumsatz zu verdoppeln.

22 Ich kann im Team arbeiten, Verantwortung übernehmen, Initiative zeigen.

23 Ich bin bereit, mich ganz meiner Arbeit zu widmen.

13   Я был ответственным за обучение персонала.
Ja byl otwetstwennym sa obutschenije personala.

14   Я занимал пост коммерческого директора.
Ja sanimal post kommertscheskowo direktora.

15   Я часто бывал в командировках.
Ja tschasto bywal w komandirowkach.

16   В течение трёх лет я работал в бухгалтерском отделе.
W tetschenije trjoch let ja rabotal w buchgalterskom otdele.

17   Я неоднократно занимался организацией выставок.
Ja neodnokratno sanimalsja organisaziej wystavok.

18   Я принимал участие в организации работы стенда.
Ja prinimal utschastije w organisazii raboty stenda.

19   Я кандидат на должность менеджера по закупкам.
Ja kandidat na dolshnost menedshera po sakupkam.

20   Я обладаю способностью руководить людьми.
Ja obladaju sposobnostju rukowodit lljudmi.

21   Мне удалось удвоить оборот продаж.
Mne udalos udwoit oborot prodash.

22   Я умею работать в коллективе, брать на себя
ответственность, проявлять инициативу.
Ja umeju rabotat w kollektiwe, brat na sebja
otwetstwennost, projawljat iniziativu.

23   Я готова полностью посвятить себя своей работе.
Ja gotowa polnostju poswjatit sebja swojei rabote.

1 научи́ться *lernen, erlernen*, gebildet mit dem Verb учи́ться *lernen, studieren*, es steht mit dem Dativ. Die Vorsilbe на, verbunden mit einem reflexiven Verb, drückt den quantitativen Aspekt einer Handlung, die bis zum Erreichen des Resultats verfolgt wird, aus. Ein immer aktuelles Sprichwort sagt: Век живи́ – век учи́сь: *Man lernt nie aus.*

2 с восемна́дцати лет: *seit dem 18. Lebensjahr.* Man verwendet die Präposition с mit dem Genitiv, um auf die Frage: „seit wann?" zu antworten. Für die Altersangabe gibt es im Russischen eine Konstruktion mit dem Dativ, in dem die Person steht, um deren Alter es geht. Beispiel: *Ich bin 40 Jahre alt*: Мне со́рок лет.

4 пройти́ стажиро́вку: *ein Praktikum machen.* Verwechseln Sie nicht стажиро́вка: *das Praktikum* mit стаж: *das Alter, Dienstalter.*

5 Für die Übersetzung der deutschen Redewendung *er ist Verkäufer, Arzt* usw. verwendet das Russische das Verb рабо́тать, gefolgt von der Berufsbezeichnung im Instrumental: он рабо́тает продавцо́м, врачо́м и т.д.

8 совмести́тельство: *die Nebentätigkeit (zusätzlich zur Beschäftigung, zum Beruf).* Die Russen haben sehr häufig neben ihrer Hauptarbeit eine zweite Beschäftigung, um ihre Einkünfte zu verbessern. *Die kleinen Nebenverdienste*: подрабо́тки sind ebenfalls sehr verbreitet. *Zuverdienen, einen Nebenverdienst haben*: подраба́тывать oder рабо́тать на стороне́.

10 заве́дующий (–ая) отде́лом: *der (die) Abteilungsleiter(in), der Verwalter.* Beachten Sie die Konstruktion mit dem Instrumental (der von dem Verb заве́довать verlangt wird); обувно́й (–ая, –ое): Adjektiv, gebildet von о́бувь (Kollektivum, feminin): *die Schuhe, das Schuhwerk.*

12 подчине́ние: *die Unterordnung, die Abhängigkeit* ◆ подчинённый (Substantiv oder Adjektiv): *(der) Abhängige, Untergeordnete bzw. abhängig, untergeordnet.*

15 1 Neben dem Verb быть, das es im Präsens nicht mehr gibt, ausgenommen der Form есть, gibt es das Verb быва́ть, das eine Art von Wiederholung und von Häufigkeit ausdrückt.

2 командиро́вка *die Dienstreise, die Auftragsfahrt* ◆ *die Reisekosten, Spesen*: командиро́вочные (расхо́ды); командиро́ванный (–ая), Adjektiv und Substantiv zugleich, bezeichnet *die (den) Dienstreisende(n).*

21 руководи́ть und облада́ть stehen mit dem Instrumental.

22 уме́ть: *können, fähig sein zu* ◆ *das Können*: уме́ние.

SCHEMA EINES CURRICULUM VITAE ◆ ОБРАЗЕЦ РЕЗЮМЕ	
Name, Vorname, Vatersname (für die Russen)	**Фамилия, имя, отчество**
Adressdaten *Adresse, Telefonnr., elektronische Adresse (E-Mail), Fax*	**Координаты** адрес, контактный телефон, адрес электронной почты (Э-мейл), факс
Geburtsdatum	**Дата рождения**
Nationalität	**Гражданство**
Familienstand *Verheiratet, Kinder*	**Семейное положение** женат, замужем, дети
Berufsziel *Vakanz, um die Sie sich bewerben*	**Цель трудоустройства** вакансия, на которую вы претендуете
Ausbildung *Technische Berufs-/Fachschule, Handelsschule, Universität, Diplome,Forschungsarbeiten ...*	**Образование** ПТУ (профессионально-техническое училище), бизнес-школа, университет, дипломы, исследовательские работы...
Berufliche Erfahrung *Name der Firma, Dienststellung, Daten*	*Опыт работы* название фирмы, должность, даты
Besondere Fähigkeiten *Fremdsprachenkenntnisse, Computerkenntnisse (Word, Excel usw.), Führerschein*	**Основные навыки** знание иностранных языков, компьютерные навыки, водительские права
Interessengebiete	**Увлечения**
Referenzen/Empfehlungen	**Рекомендации**

DEKLINATION DER PRONOMEN UND DER ADJEKTIVE

• Personalpronomen

N	я	ты	он	оно	она	мы	вы	они	
A	меня	тебя	его	его	её	нас	вас	их	себя
G	меня	тебя	его	его	её	нас	вас	их	себя
D	мне	тебе	ему	ему	ей	нам	вам	им	себе
I	мной	тобой	им	им	ей	нами	вами	ими	собой
L	мне	тебе	нём	нём	ней	нас	вас	них	себе

Anmerkung: Dem Pronomen der 3. Person wird bei Gebrauch mit einer Präposition in der Regel ein „н" vorgesetzt. Beispiel: до него (G) : *bis zu ihm* (allgemein im Lokativ).

• Demonstrativpronomen   Interrogativpronomen

dieser, dieses, diese hier, ...   *dieser, dieses, diese dort*   *wer*   *was*   *wessen*

этот	это	эта	эти	тот	то	та	те	кто	что	чей
/	это	эту	/	/	то	ту	/	кого	что	/
этого	этого	этой	этих	того	того	той	тех	кого	чего	чьего
этому	этому	этой	этим	тому	тому	той	тем	кому	чему	чьему
этим	этим	этой	этими	тем	тем	той	теми	кем	чем	чьим
этом	этом	этой	этих	том	том	той	тех	ком	чём	чьём

• Possessivpronomen   • Andere Pronomen

мой, твой, свой, наш, ваш, ...

Die folgenden Pronomen werden dekliniert wie:

N	мой	моё	моя	мои
A	/	моё	мою	/
G	моего	моего	моей	моих
D	моему	моему	моей	моим
I	моим	моим	моей	моими
L	моём	моём	моей	моих

einer	один	→	этот
selbst	сам	→	этот
was für ein	какой	→	Adjektive
welcher	который	→	Adjektive

• Adjektive: Harte und weiche Endungen

	M	N	F	Pl			M	N	F	Pl
N	ый/ой	ое	ая	ые		N	ий	ее	яя	ие
A	/	ое	ую	/		A	/	ее	юю	/
G	ого	ого	ой	ых		G	его	его	ей	их
D	ому	ому	ой	ым		D	ему	ему	ей	им
I	ым	ым	ой	ыми		I	им	им	ей	ими
L	ом	ом	ой	ых		L	ем	ем	ей	их

• Gattungsadjektive   • Familiennamen

N	ий	ье	ья	ьи		N	–	а	ы
A	/	ье	ью	/		A	а	у	ых
G	ьего	ьего	ьей	ьих		G	а	ой	ых
D	ьему	ьему	ьей	ьим		D	у	ой	ым
I	ьим	ьим	ьей	ьими		I	ым	ой	ыми
L	ьем	ьем	ьей	ьих		L	е	ой	ых